杜甫
字子美

丁启阵 —— 著

人民东方出版传媒
东方出版社

图书在版编目（CIP）数据

杜甫字子美 / 丁启阵 著 . — 北京：东方出版社，2018.9
ISBN 978-7-5207-0511-0

Ⅰ . ①杜… Ⅱ . ①丁… Ⅲ . ①杜甫（712-770）—人物研究 Ⅳ . ① K825.6

中国版本图书馆 CIP 数据核字（2018）第 159117 号

杜甫字子美
（DUFU ZI ZIMEI）
- -
作　　者：丁启阵
策　　划：陈　卓
责任编辑：李伟楠
责任审校：凌　寒
出　　版：东方出版社
发　　行：人民东方出版传媒有限公司
地　　址：北京市东城区东四十条 113 号
邮　　编：100007
印　　刷：北京联兴盛业印刷股份有限公司
版　　次：2018 年 9 月第 1 版
印　　次：2018 年 9 月第 1 次印刷
开　　本：787 毫米 × 1092 毫米　1/32
印　　张：10.625
字　　数：188 千字
书　　号：ISBN 978-7-5207-0511-0
定　　价：45.00 元
发行电话：（010）85924663　85924644　85924641
- -

目 录

自序　/ 001

辑一　杜甫的时代

唐朝言论的一面镜子　/ 009

杜甫为什么不能在唐朝做大官？　/ 013

让李白杜甫做宰相会有什么后果？　/ 018

辑二　杜甫的人生

求职简历　/ 025

1

人脉资源　　/ 032

诗圣也好色　　/ 036

船上那些韵事　　/ 041

有过几艘船？　　/ 043

一生结过几次婚？　　/ 046

纳过小妾吗？　　/ 050

待业十年，杜甫是怎样生活的？　　/ 053

没你想象的那么穷苦　　/ 060

运动健将　　/ 067

一生四次死里逃生　　/ 070

当成都遇到杜甫　　/ 075

当诗圣遇到将军　　/ 078

请跟我到草堂看望杜甫　　/ 083

诗圣故居应该是什么样的？　　/ 095

三首《望岳》透露杜甫心灵轨迹　　/ 098

为什么没有出家？　　/ 107

令人羡慕的青春之路　　/ 111

杜甫很骄傲？　　/ 115

没有行走，就没有诗圣　　/ 120

马背上的诗人　　/ 124

以马自喻　　/ 130

文艺修养　　/ 133

思想境界 / 137

杜甫很幽默 / 140

为何能终生写诗？ / 146

饿死，抑或撑死？ / 150

终生自责的事情 / 154

一时之是非，永恒之人性 / 157

辑三 杜甫的诗歌

唐诗中最深情的送别之作 / 163

对诸葛亮的感情 / 167

怎样讽刺杨贵妃姊妹？ / 171

诗中的"哭"字 / 175

哭穷的艺术 / 179

写雨水的艺术 / 182

长安雨灾 / 185

诗歌里的美食 / 188

为什么没有写过海棠花？ / 194

《石壕吏》中的老翁是逃兵吗？ / 198

"国破山河在"的"国"指什么？ / 202

《江南逢李龟年》的诗意来源 / 205

一首艳情诗 / 213

最幽默的诗 / 216

诗中的女性 / 218

杜甫的柔情你读懂了吗？ / 227

最狠训人诗句蕴含什么样的感情？ / 231

诗圣也是故事大王 / 235

杜诗故事的五个类型 / 239

杜诗为何发生巨大转折？ / 242

咱们杜诗有力量 / 246

惊人的语言艺术 / 251

诗歌中的小说艺术 / 257

且听杜甫吟唱诗歌 / 261

读杜诗，要读编年全集 / 264

暮访石壕村 / 267

听金圣叹讲杜诗 / 272

辑四　杜甫的影响

唐人眼中哪些诗人最大牌？ / 281

杜诗对汉语的伟大贡献 / 285

杜诗赚了多少历史名人的眼泪？ / 290

生前有知音 / 293

当杜甫遭遇"文革" / 298

学者们怎样看"杜甫很忙" / 303

辑五 李白与杜甫

与李白互粉 / 309

杜甫是李白的导师吗? / 312

伟大诗人所不理解的财富分配制度 / 317

杜甫跟李白有亲戚关系吗? / 320

双星相耀 / 325

自序

　　诗圣杜甫，因为其诗歌在某种程度上记录了大唐王朝由盛转衰的历史转折，跟社会现实民生国运之间有着紧密的联系，在集大成的同时富有创新精神，成为我国历代诗人中被研究、注释、阐述最多的一位。唐宋以来一千二三百年的时间里，研究杜甫及其诗歌者名家辈出，相关研究著作汗牛充栋。

　　关于杜甫和他的诗歌，想要说出一些新鲜的想法来，不是一件容易的事。事实上，当今出版的许多论著，也的确存在着陈陈相因、缺乏新意的问题。

　　我当然没有扭转杜甫诗歌研究乾坤的雄心壮志，更没有这个能力。我之所以研究起杜甫，说起来有点偶然。当然，这偶然的背后，也有一定的必然性。

　　进入大学中文系后，从本科三年级下学期开始，我的学术志趣逐渐明确为语言学方向。念研究生的时候，进一步明确为汉语音韵学。我正式发表的第一篇学术论文和出版的第一本学术著作《秦汉方言》都属于音韵学领域。具体地说，是将汉语方言与古代音韵相结合的音韵学研究，是方言视角下的古代音韵研究。所有自然语言本质上都是方言，因此我认为，音韵学的研究成果，都必须具有时间、地域和社会人群三大特性。否则，就是脱离实际的纸上谈兵，是空中楼阁。从《秦汉方言》（东方出版社，1991年）到《论古无辅音声母》（澳门语言学会，2000年），到《唇舌集——音韵方言新论》（中国书籍出版社，2006年），到《汉语复辅音说辨正》（中华书局，2016年），这是我一以贯之的音韵学研究的思路。不敢说有多大的成就，铢积寸累，但求无愧我心。

论起来，我跟杜甫及其诗歌的缘分，可谓源远流长。我平生阅读的第一本学术著作，是念初中时从我的语文老师吴章君先生那里借阅的郭沫若先生的《李白与杜甫》。现在说起来，郭先生的这本著作堪称奇葩，书中的主要观点我都不能认同，甚至觉得很荒诞，近年也写过多篇文章加以嘲讽。但毋庸讳言，作为学术著作，它对我的影响是巨大的。首先，它让我了解到我的大多数同龄人都不知道的关于杜甫及其诗歌的信息，或者说知识，使我对杜甫有了超过其他古代诗人的兴趣；其次，它让我初步认识到，通过诗歌作品研究诗人的思想感情是一件非常有趣的事情。

一个苦于无书可读的乡村孩子突然成为山东大学中文系的学生，不啻踏进了书籍的海洋，能够随意、大量地阅读语言文学方面的各类著作，是我进大学后的最大幸福。在我大学一二年级课外阅读过的长长的书单中，本系教授萧涤非先生的《杜诗选注》和《杜甫研究》给我留下了深刻而美好的印象。萧先生持论严谨、语言冲和却不乏激情的注解文字，进一步加深了我对杜甫及其诗歌的兴趣。我一度想以古代文学尤其是杜甫诗歌作为自己日后的学术研究方向。

二十世纪八十年代末九十年代初，社会财富分配不合理的现象非常突出，出现了严重的"体脑倒挂"现象，"搞导弹的不如卖茶叶蛋的，拿手术刀的不如拿剃头刀的，站讲台的不如站柜台的"云云，都是当时社会的真实写照，文化学术从业者的生活整体上陷入赤贫的边缘。大学里，出现了教师下海经商、学生厌学的风气。初登大学讲台的我，无疑是当头挨了一棒。下海无路且不甘心放弃学术的我，在无望的苦闷寂寞中又想起了杜甫和他的诗歌。

于是，两三年的时间里，我逃往杜甫诗歌和相关研究论著的世界，日夜以这类文字麻醉自己。原本是为了遣闷与逃遁，不料演变成了研究与思考。思考的第一个结晶是《生命的悲歌——论杜甫诗中有关生命的主题》，一篇万把字的学术论文。写出后不久，即发表在《杜甫研究学刊》（1996 年第 1 期）上。从此一发而不可收，陆陆续续，我有论文在《杜甫研究学刊》《文学遗产》《文史哲》等刊物上发表，多次参加由四川省杜甫学会和成都杜甫草堂每两年主办一次的杜甫研究年会。近几年因为先后忙于音韵学、《论语》、诗词等的研究与著述，暂停了杜甫研究和相关学术论文的写作。

把杜甫及其诗歌当作纯粹的学术研究对象，我一直有难以尽兴的感觉。文学是民众的日常读物，文学研究也应该为丰富和提高民众的文化生活做出贡献。而现在的文学研究，却跟民众的文化生活发生了脱节，乃至格格不入，成了体制内利益的敲门砖，成了学术圈同仁自娱自乐的文字游戏。文学研究这种跟社会绝缘或者说被社会边缘化的现象，令人担忧。

有鉴于此，自从2006年在网络上开写博客（最初是主动在新浪网开博客，不久便应邀在中国网、搜狐网、腾讯网、网易网、凤凰网等开博客，遍及当年各大门户网站）以来，我写了不少关于杜甫及其诗歌的学术随笔类文章。写得最多的是2012年，这一年"杜甫很忙"，我也很忙，一年内写了五十多篇关于杜甫及其诗歌的文章，在各大门户网广泛传播。我被腾讯网授予年度"十大名博"的称号，评语中有赞扬我"比杜甫更忙"一句。我写作这类文章的主要目的是让杜甫及其诗歌回到民众中去，回到社会中去。

想要达到这个目的，并非易事。关于杜甫及其诗歌，中国人多多少少都了解一些。想引起大众的阅读兴趣，必须要有新颖的角度、新鲜有趣的观点。上文说过，历代研究杜甫及其诗歌的名家、著作都非常多，想要在前人的研究基础上提出一些新鲜的意见，不是一件容易的事情。为此，我做了如下一些努力：首先，确定"以生命理解生命"的方式解读杜甫及其诗歌，不走历来文学史研究只关注政治思想、阶级立场、文学传承、艺术成就等"高大上"问题的套路，更多地把杜甫作为一个具体的人——黑格尔所说的"这一个"，从生活、生命的层面进行观察、分析、总结，企图以此告诉读者一个有七情六欲的杜甫是怎样的人，他的作品应该如何解读。也就是说，我写作的时候，更多地是依据民间的情理，而不是大学研究所中所谓的学理。其次，学习杜甫追求诗歌艺术的一种精神，杜甫是"语不惊人死不休"，我则是没有新意不动笔，努力做到每篇文章必有新鲜的观点。这倒不是为了标新立异、哗众取宠，而是为了启发思考，引起讨论，为了让读者开卷有益。收入本书的文章，其中观点，我无意期望它们都被民众接受，成为定论，成为常识。我一直认为，写文章告诉读者一个结论，其价值远不如启发、教会读者用他们自己的头脑去判断、去分析、去思考。最后，我努力把文章写得简短一些，精炼一些。网民阅读，不同于学生为了应付考试钻研教科书和学者为了著书立说阅读专业文献，阅读者普遍追求速效，时间观念强，耐心有限，短小精悍的文章会比较受欢迎。好在经过多年的专栏写作历练，在控制文章的篇幅、字数方面，我还是有些经验和办法的。

　　网络写作，吸引读者的手段当然也有不少。比如做标题党，只要能吸引人眼球，不管标题是否跟文章内容表里相符，不理睬读者读后是否一片骂声；但求标新立异，流量至上，不讲证据，不讲逻辑；只在语言上下工夫，以装嫩卖萌为才情，以油嘴滑舌为能事，用眼下最流行的网络语言，转写他人观点，老生常谈；诸如此类。这些网络写手们惯用的手段，自然是我所不屑的。

多年的学术研究，养成了我追求严谨、注重证据、讲究逻辑等职业习惯。这些职业习惯可能会影响乃至牺牲文章的娱乐性，不如网络写手们的文章读起来那么轻松愉快。这可能是本书的一个缺点，但是，我认为，这种牺牲是必要的。借用鲁迅先生的一个比喻：再完美的苍蝇也不过是苍蝇，有缺点的战士仍不失为战士。

书中的许多观点，您可以不同意，但想要驳倒我，却也不是太容易的事，需要花费一些力气。因为，每一篇短文，我都下过一番研究的工夫！

书中的每一篇文章都曾在网络上发表过，其中有些还被报纸杂志等传统媒体转载过。这期间，有些读者提出过批评意见，或者校正若干行文的错误，我尽可能地加以吸收，采纳。在这里，我谨表谢忱！同时，希望读者朋友们继续对拙作予以批评指正。

丁启阵

2018 年 3 月 5 日

辑一 ｜ 杜甫的时代

唐朝言论的一面镜子

杜甫《忆昔二首》之二这样描述开元盛世："忆昔开元全盛日，小邑犹藏万家室。稻米流脂粟米白，公私仓廪俱丰实……"津津乐道的是国富民安、斯文和睦的景象。我们今天遥想"开元"盛世，除了国富民安、斯文和睦，还会向往那个时代的言论自由。要想了解唐代言论究竟有多自由，杜甫诗是一面镜子。

杜甫的思想基本上属于儒家范畴，讲究积极入世、兼济天下。他本人一生担任王朝官员的时间并不长，右卫率府胄曹参军、左拾遗、华州司功参军、成都节度使府参谋，前后加在一起，不超过三年。但是，杜甫终其一生，都把自己当作李唐王朝的臣子，忧国忧民，热心热血，热肠热泪，至死不渝。

杜甫绝不是李唐王朝谨小慎微的愚忠臣子，他是一个理性又有血性的爱国爱君主义者，对于好人好事，他热情讴歌，竭诚颂扬；对坏人坏事，他勇于揭露，勇于批判。达官贵人、帝王后妃、社会现象、国家制度，杜甫都曾予以深刻的揭露和辛辣的批判。

文学家对社会现实的揭露、批判，最能反映出一个朝代、一个时期的言论自由度。下边我们就举一些例子，看看杜甫揭露、批判过哪些事情、哪些人物，他是怎样揭露、如何批判的。

杜甫揭露、批判过达官贵人的骄奢淫逸。前人指出，《丽人行》"前半竭力形容杨氏姊妹之游冶淫佚，后半叙国忠之气焰逼人"（施均父语）。形容与叙述之间，"描摹处，语语刺讥""点逗处，声声慨叹"（浦起龙语）。杜甫讽刺达官贵人的时候，绝不温柔敦厚、笔下留情。他是一个容易愤怒的诗人，笔下常有千钧之力。受到肃宗宠信、权倾一时的李辅国，杜甫斥之为"关中小儿"，大骂他坏了国家纲纪（《忆昔二首》之一）。

杜甫揭露、批判过唐王朝的兵役制度和税收制度。三个儿子都参了军，其中一个儿子已经战死沙场，这户人家的老翁却要在夜里被抓壮丁，《石壕吏》是对唐朝兵役制度强有力的质疑和批判；《又呈吴郎》，一个寡妇穷困至极，要到杜甫家门前打枣充饥。她是因为朝廷的诛求、剥削，"穷到骨"了；为了应付战争，李唐王朝不断向百姓强行摊派，杜甫忧念成梦，喊出了"安得务农息战斗，普天无吏横索钱"的口号（《昼梦》）；《自京赴奉先县咏怀五百字》中的"彤庭所分帛，本自寒女出。鞭挞其夫家，聚敛贡城阙"，简直就是在控诉朝廷搜刮民脂民膏的罪行。

杜甫揭露、批判过社会的不公平现象。杜甫的朋友郑虔，怀才不遇，生活穷困，杜甫为他打抱不平，"诸公衮衮登台省，广文先生官独冷。甲第纷纷厌粱肉，广文先生饭不足……德尊一代常坎坷，名垂万古知何用"（《醉时歌》）。路过骊山，想象帝王在宫廷里的奢侈挥霍，杜甫喊出了"朱门酒肉臭，路有冻死骨"的口号（《自京赴奉先县咏怀五百字》）；战乱时期，苛捐杂税格外多，普通百姓连糠菜都难以果腹。"富家厨肉臭，战地骸骨白"（《驱竖子摘苍耳》），杜甫又为之愤愤不平。

杜甫揭露、批判过唐朝皇帝的迷信行为。唐玄宗李隆基宠信道家方士，企图通过服食丹药，达到长生不老、永享富贵荣华的目的。地方官吏为了讨好唐玄宗，向民间征求炼丹所需矿物等材料。结果，有一次运送炼丹物资的一艘船在长江三峡（巫峡）触礁沉没了。杜甫听到消息之后，连写两首诗，对皇帝和溺水而死的押船官吏进行了辛辣的讽刺（见《覆舟二首》）。

杜甫揭露过唐朝皇帝的惧内。唐肃宗的张皇后是个很有心机、喜欢弄权的女人，他跟李辅国内外勾结，把持朝政。肃宗虽然心里很不痛快，但是对此无可奈何。杜甫毫不客气地予以揭露，骂完"关中小儿"李辅国"坏纪纲"之后，紧接着就是"张后不乐上为忙"，张皇后一不高兴，肃宗皇帝就手忙脚乱了（《忆昔二首》之一）。杜甫这是在嘲笑本朝皇帝怕老婆啊！

杜甫一生，仕途坎坷。这可能跟他的耿直性格和犀利言辞有些关系，但是，可以肯定一点，他没有因为上述的揭露、批判文字，受到过朝廷的任何查禁、申斥和惩罚。也就是说，杜甫对李唐王朝深刻的揭露和辛辣的批判，没有受到任何限制，没有受到任何打击报复。

国富民安固然是大唐开元天宝时期社会繁荣的重要组成部分，言论开放更是大唐气象的精神支柱。一个伟大的时代，是允许人们说话的。翻遍历史，我们没有发现哪一个朝代是因为言论自由而中途夭折或寿终正寝的。蝉噪林逾静，或许正是因为有杜甫等诗人发出过与"开元"盛世不和谐的声音，唐王朝才成为中国历史上少有的社会和谐时期吧。

杜甫为什么不能在唐朝做大官？

　　有人问我："杜甫为什么不能在开明的唐帝国做大官，而王安石可以在宋朝当宰相？唐宋的文人身份好像差别很大，为什么？"乍看之下，觉得这两个疑问挺寻常。但是，稍加回味，不得不承认，这是两个值得认真思索的问题。

　　被汉朝以后的历朝统治者奉为圭臬的儒家学说不是有"学而优则仕"的理论吗？包括李唐在内的历朝皇帝们不是喜欢制造"野无遗贤"的和谐局面吗？李唐王朝实行的不是诗赋取士的科举制度吗？如果对这些问题的回答都是"是"，那么，在诗歌创作方面早年即已崭露头角、中年时期名满天下、日后更成为千古诗圣的杜甫，仕途却那么蹭蹬，一生担任过的最高实职不过是一个八品的左拾遗。认真计较起来，肯定不是大唐王朝的光荣，不是杰出文学家的合理命运，也不是中国历史的正常现象。

　　论政治开明、军事强大、经济昌盛，论思想自由、文艺繁荣，宋朝都难以跟唐朝相匹敌。但是，人生遭际上，为什么会出现唐朝文人反而普遍不如宋朝文人的现象呢？——唐朝最出色的诗人李白、杜甫、李商隐、温庭筠、孟浩然等，不是昙花一现、沉寂下僚，便是以白衣身份终其一生。而宋朝文人，除了柳永、姜夔等少数几位，范仲淹、欧阳修、王安石、杨万里、范成大、辛弃疾等人，不是曾在朝廷中位居要津，便是在地方担任封疆大吏。就连堪称赍志以殁文人典型的陆游，也做过地区级长官（知州）。文名最大、一生坎坷的苏轼，除做过好几个地方的地区级长官之外，最高职位是兵部尚书、礼部尚书！

我认为，最重要的原因是唐宋文人思想观念不同。比起宋朝文人，唐朝文人思想更自由，价值观念更多元化，人生理想追求上更加散漫随性。这方面，李白是一个典型。青少年时代，除了读书之外，他还学剑、学游侠、学道、期盼成仙，后来甚至成为正式加入道籍的道教信徒，"五岳寻仙不辞远"。李白有远大的政治理想，也曾积极追求仕进。但是，李白同时也喜欢游历名山大川，"一生好入名山游"，喜欢跟志趣相投的朋友结伴隐居，过寄情诗酒、放浪形骸的日子。就连"奉儒守官"家庭出身的杜甫，他的随性散漫，也是一般宋朝文人不可企及的。第一次科举考试前，杜甫到吴越一带漫游，一游就是四年多。回到东都洛阳参加进士考试失败后，游齐赵，五年多。三十岁时，因为结婚，回到东都，在偃师陆浑庄筑土室（窑洞）而居。三十三岁那年秋天，曾跟李白、高适同游梁宋，三十四岁那年再游齐鲁，跟李白盘桓了一段时间。因为献赋，受到唐玄宗的赏识，四十四岁才得到第一个职位——河西（当在今陕西合阳）县尉。但是，杜甫拒绝了。改授右卫率府胄曹参军后，他自嘲是为了挣几个酒钱，勉强上任。安史之乱爆发后，他逃出沦陷了的长安城，冒险跑到肃宗行在凤翔（在今陕西宝鸡），得到左拾遗的职位。才一年多一点儿，因为替房琯辩护，被贬为华州司功参军。在华州任上只待了一年零一个月，就因为关中闹饥荒，辞官不干了。以李白、杜甫这样的自由散漫，即使生在宋朝，大约也是很难把官一步步做大的。唐代文人显然普遍缺乏混官场的耐心，他们向往的是风云际会，君臣遇合，是"立登要路津"，相当不切实际。

其次，跟科举取士规模有很大的关系。唐朝虽然号称科举取士，其中最为显赫的是进士科。但实际上，每科及第进士非常少，最少的一科只有三五人，最多也不过四五十人。宋朝的情况完全不同，每科取士规模至少有二三百人，多的时候有五六百人。数量上的差异，对文人的命运产生了巨大的影响。唐代进士科，考中者固然占了入仕的先机，但是，对大部分人而言，基本上就是一种人生的搏击过程，说得难听一点就是一种"跳龙门"的游戏。即使是非常优秀的文人，也往往需要耗费大量的时间、精力在进士考试上。孟郊《登科后》的"春风得意马蹄疾，一日看尽长安花"，传赵嘏所作诗句"太宗皇帝真长策，赚得英雄尽白头"（唐代李肇《国史补》曰："进士科得之艰难，其有老死于文场者，亦无所恨，故诗云。"），都是唐朝科举弊病很好的写照。考个进士，要扒掉三层皮，花掉几年乃至几十年的时间，哪里还有时间、精力去从政，去飞黄腾达？杜甫的考试、求官经历，就很有代表性。唐代进士科这座独木桥，浪费了太多优秀文人的才华和生命！

再次，跟文人的整体地位有关系。宋朝开国皇帝赵匡胤是军人出身，他的天子宝座是从后周幼儿寡母那里夺来的。他深知军人对于皇帝宝座的危险性。因此，他登基不久便来了个"杯酒释兵权"，将武将排除在最高统治集团之外。同时立下规矩，不准其继任者随意杀害文人。从此，赵宋王朝的政府基本上由文人组成，武将的地位、级别受到严格限制。宋朝文人不但生命有保障，整体身份也空前高贵。而李唐王朝，虽然也不乏喜欢吟诗作赋、附庸风雅的皇帝，但是，他们大量使用勋臣后裔和武将担任朝廷或地方军政要职，对于文人并不特别眷顾。在唐朝，不少诗人都曾经在历经坎坷之后，发出读书无用的感慨，向往军功进身之路。有众多诗句为证：杨炯有"宁为百夫长，胜作一书生"（《从军行》），祖咏有"少小虽非投笔吏，论功还欲请长缨"（《望蓟门》），钱起有"雁门太守能爱贤，麟阁书生亦投笔"（《送崔校书从军》），杜甫有"天下尚未宁，健儿胜腐儒"（《草堂》），崔涂有"五陵豪侠笑为儒，将为儒生只读书。看取不成投笔后，谢安功业复何如"（《东晋》），诸如此类，不胜枚举。如果说，在宋朝，文人是一等公民，那么在唐朝，文人就是二等公民。一等公民容易春风得意上青天，二等公民不免喝西北风坠地面。

当然，有一得必有一失。宋朝文人仕途普遍比唐朝文人得意的同时，文学成就却普遍不如唐朝文人。至少，唐朝尤其是盛唐那几位大诗人的艺术造诣，是绝大部分宋朝文人望尘莫及的。杜甫的"文章憎命达"，欧阳修的"诗穷而后工"，说的就都是这个得失的规律。

让李白杜甫做宰相会有什么后果？

当有人为李白杜甫仕途蹭蹬、政治理想无从实现的命运鸣不平的时候，总会有另一些人站出来说：李白杜甫有文学才华，但不一定有政治才华，让他们做官，他们未必做得好。我写了一篇《杜甫为什么不能在唐朝做大官》的文章，贴在博客上，果然就有多位网友发表了这一类的高论。例如，一位叫"一江玻璃"的网友就发表了如下观点："杜甫和李白都是诗人也就是文人，文人未必有治国理政的才能，比如李后主，一代词人；宋徽宗，一代画家、书法家，都是文艺行里的人，不是政治家。但是，文人总喜欢写点诗词歌赋，开口闭口就是怀才不遇之类的词语，其实真的让他们干宰相的职务，真是害了他们，也耽误了国家！！"

我不能不感慨一下：这叫哪儿跟哪儿，根本就不是一码事！

按照封建统治者制定的诗赋取士制度，爽快地给李白杜甫这样既有满腔热情又有杰出文学才华的人一个稍微像点儿样子的职位，难道不是一件合乎情理的事情？让他们费尽九牛二虎之力、耗费大半生时间精力孜孜以求，结果却一无所获，难道不是人才资源的浪费？至于给了他们之后，他们能不能真正做出成绩，那是后话，是另外一个问题。实际情况是，统治者根本就没有给他们像样的施展政治才干的机会。这好比，把婴儿扼杀在摇篮里，而扼杀的理由是：这些婴儿长大之后未必能够成为于社会家国有用之人。这是什么逻辑嘛！

可悲的是，这种逻辑在我国是有着悠久历史、广阔市场的，并非今天才有，也并非只有市井之徒如此。宋祁、欧阳修等人，对于杜甫曾有如下评论："甫旷放不自检，好论天下事，高而不切。"(《新唐书·文艺上》)《唐才子传》作者辛文房亦有"能言者未必能行，能行者未必能言"的议论(《唐才子传·杜甫》)。这几位前辈，不是自身于文学上做过不小的成绩，便是对文学家抱有深厚的同情。连他们都不能理解，那不过是杜甫失志之际的愤激之语；连他们都不懂得，倘若杜甫仕途一帆风顺、位登要路，他也是做得到优雅得体、从容不迫的。欧阳修们尚且如此，一般市井之徒就更不必说了。

冷静思之，我发现，人们对于文学家的态度，像极了古罗马斗兽场四壁上的观众对待场中的奴隶角斗士：角斗士们跟猛兽的搏斗越是惨烈，观众便越兴奋；最后角斗士壮烈死去，人们的兴奋便达到顶点。倘若角斗士一上场，三两下就把猛兽给灭了，或者被猛兽三两下给灭了，四壁上的观众都是不会满意的。文学家之不同于角斗士，只是他们的搏斗对手不是猛兽，而是命运。相比之下，命运这个对手比猛兽更难对付。请看古往今来那些深受人们欢迎的文学家，屈原、陶渊明、李白、杜甫、孟浩然、李商隐、苏轼、陆游、李清照、关汉卿、曹雪芹、蒲松龄，哪一个的身上不是伤痕累累、血迹斑斑！可见，把自己的快乐建立在他人的痛苦之上，是人间美学的一条铁律。

不错，杜甫有"文章憎命达"的说法，欧阳修有"诗穷而后工"的论断，他们都揭示了文学与命运的反比例关系，揭示了一种人间规律。但是，他们话语的背后，无不蕴含着沉痛和愤怒。李白、杜甫是取得了光照千秋的文学成就，身后享受着万众推崇的殊荣。难道因此，他们生前就活该遭受坎坷失志的无尽悲伤，活该遭受天涯漂泊、饥寒交迫等种种苦楚，活该遭受世态炎凉、冷嘲热讽的落寞吗？

也许有人会引用孟子的话"……天将降大任于斯人也，必先苦其心志，劳其筋骨，饿其体肤，空乏其身……"（《孟子·告子下》）来反驳我的观点。但是，请别忘记了两点：第一，孟子话中的"先"字，用今天的说法就是先苦后甜，这是对年轻人的励志教育。而李白、杜甫等人，却是终生落魄，而且愈到晚年愈落魄。第二，孟子所说的，也不过是"劳筋骨""饿体肤""空乏身"而已，李白、杜甫一生遭受的苦楚落寞，比这些不知道要大多少倍！

我以为：倘若因为他们取得了巨大的文学成就，成了流芳百世的人物，由衷地替李白、杜甫辈感到欣慰，为自己能够享受他们留下的精神财富感到幸运，这是正常人的思维；而因为他们取得了巨大的文学成就，成了流芳百世的人物，便断言他们除了写写诗文别无才能，言之凿凿称他们生前遭受的种种苦楚落寞都是理所应当付出的代价，则不能不说是心灵扭曲的一种症状。

言归正传。让李白、杜甫做宰相究竟会有什么后果，历史上这一段不能"掐了重演"，因此谁也不知道。我在回复网友"一江玻璃"的高论时有这样一句话："让李白、杜甫做宰相，也许比不上姚崇、宋璟，但总不会比李林甫、杨国忠差吧。"摘引到这里，算是回答。

辑二 ｜杜甫的人生

求职简历

杜甫于24岁那年第一次参加进士考试，因为文章不合时宜（"忤下考功第"），结果落选了。12年之后，杜甫36岁那年第二次参加科举考试（这一次是朝廷临时增设的恩科考试），李林甫阴谋制造"野无遗贤"的盛世假象以奉承皇帝英明，参加这次考试的举子一个也没有录取。35岁之前，因为能够依靠父亲、姑母等长辈，杜甫的生活相当优越，可以到处游历——成年之后，杜甫先后游历过晋、吴越、齐赵、梁宋、齐鲁。其中齐鲁是两度游历，齐赵的游历时间长达五六年。游历生活的情形，杜甫在晚年所作《壮游》诗中有生动的回忆，"枕戈忆勾践，渡浙想秦皇。越女天下白，鉴湖五月凉。剡溪蕴秀异，欲罢不能忘。""放荡齐赵间，裘马颇清狂。春歌丛台上，冬猎青丘旁。呼鹰皂枥林，逐兽云雪冈"。总而言之，杜甫过的是公子哥的生活，游览山水，寻访古迹，呼朋唤友，诗酒酬唱，食肥衣轻，骑马打猎，好不惬意。

但是，三十五岁以后，由于长辈的相继离世，儿女的先后出生，杜甫肩上的经济压力日渐加重。在长安，"朝扣富儿门，暮随肥马尘"，数年里厚着脸皮，奔走于权贵之门，干谒求进，又毫无结果。终于，杜甫一家陷入了贫困。用他自己的话说，曾落魄至"卖药都市，寄食友朋"（《进三大礼赋表》）。卖药、寄食，当然是杜甫在用历史典故，并非真的断绝了经济来源，全靠卖药和朋友救济养家糊口。杜甫后来漂泊蜀中和夔州时，两次说到自家的经济状况。一次是，《闻官军收河南河北》诗"便下襄阳向洛阳"句下，自注云："余有田园在东京（洛阳）。"一次是，《秋日夔府咏怀奉寄郑监李宾客一百韵》诗中，有"两京犹薄产"之句。自然，这两处田园、薄产，不足以使杜甫一家一直过着富足的生活。杜甫不是一个善于经营和理财的人，一旦遭遇灾荒饥馑，远水难救近火，这些祖产也指望不上。最倒霉的时候，贫病交加，曾经的朋友，"一饭迹便扫"，纷纷躲着他。一位名叫王倚的友人，看到病后的杜甫脸色憔悴，款待了他一顿，有酒有肉。杜甫便感激不尽，专门作了一首诗（《病后遇王倚饮，赠歌》），详细叙述款待细节、饮食花色。最后，发出了"但使残年饱吃饭，只愿无事常相见"的感慨。可见，"寄食友朋"云云，也不全是文学虚构的情节。

毫无疑问，无论是为了实现"致君尧舜上，再使风俗淳"的远大理想，为了保住"奉儒守官"家族最后的颜面，还是为了活命养家，杜甫都急需在朝廷中谋得一个职位，领取一份俸禄。

可是，参加科举考试，乞求名流权贵汲引举荐，能想的办法都已经想尽，能走的门路都已经走完，杜甫的功名利禄之途，已然到了山穷水尽的地步。

走投无路的情况下，杜甫想到了向"检举箱"中投递文章的下策。这种检举箱，乃是武则天执掌朝政时期发明的东西，名叫"匦"。所谓匦，就是一个四方形的盒子，四面漆以不同的颜色，各有名目、用途，东面叫延恩匦，南面叫招谏匦，西面叫伸冤匦，北面叫通玄匦。其中延恩匦是为怀才不遇、有意求进者所设，"怀才抱器，希于闻达者投之"。唐玄宗因为"匦"读音同"鬼"，天宝年间将管理匦的职位"匦使"改名为"献纳使"（参见封演《封氏闻见记》卷四"匦使"）。天宝十载（751）正月，朝廷要行三大礼，在太清宫、太庙、南郊举行祭祀活动。杜甫于是利用这个机会，撰写了关于三大礼的赋（依次为《朝献太清宫赋》《朝享太庙赋》和《有事于南郊赋》），投入延恩匦。大概由于有崔国辅、于休烈等集贤学士的赏识举荐，杜甫获得了参加集贤院考试的机会。显然，这是杜甫命运的一个转机，成为他日后津津乐道的一件事情，作于成都期间的诗《莫相疑行》云："忆献三赋蓬莱宫，自怪一日声辉赫。集贤学士如堵墙，观我落笔中书堂。"他顺利通过考试，成为进士。唐玄宗看到赋文后，颇为欣赏，即杜甫《奉留赠集贤院崔于二学士》所说的"气冲星象表，词感帝王尊"。次年，召试文章通过后，"送隶有司参列选序"，就是说，成为李唐王朝的预备官员，有了做官的可能。但是，走马上任尚需时日。在无聊等待的三年里，为了早日获得实授的官职，杜甫又于天宝十三载（754）进献《封西岳赋》和《雕赋》。

三大礼赋、《封西岳赋》、《雕赋》是杜甫歌功颂德兼展示文采的正文，每篇赋的前边类似序言的"表"，则是杜甫的求职简历。这里摘选三"表"主要内容，看一看一千三百多年前的唐朝知识分子、伟大诗人杜甫的求职简历是怎么写的：

> 臣生长陛下淳朴之俗，行四十载矣。与麋鹿同群而处，浪迹于陛下丰草长林，实自弱冠之年矣。岂九州牧伯，不岁贡豪俊于外？岂陛下明诏，不反席思贤于中哉？臣之愚顽，静无所取，以此知分，沉埋盛时，不敢依违，不敢激讦，默以渔樵之乐自遣而已。项者，卖药都市，寄食友朋，窃慕尧翁击壤之讴，适遇国家郊庙之礼，不觉手足蹈舞，形于篇章。漱吮甘液，游泳和气，声韵寖广，卷轴斯存，抑亦古诗之流，希乎述者之意。然词理野质，终不足以拂天听之崇高，配史籍以永久，恐俟先狗马，遗恨九原。臣谨稽首，投延恩匦，献纳上表。进明主《朝献太清宫》《朝享太庙》《有事于南郊》等三赋以闻。（《进三大礼赋表》）

> 臣本杜陵诸生，年过四十，经术浅陋，进无补于明时，退尝困于衣食，盖长安一匹夫耳。项岁，国家有事于郊庙，幸得奏赋，待罪于集贤，委学官试文章，再降恩泽，仍猥以臣名实相副，送隶有司，参列选序。然臣

之本分，甘弃置永休，望不及此。岂意头白之后，竟以短篇只字，遂曾闻彻宸极，一动人主，是臣无负于少小多病，贫穷好学者已。在臣光荣，虽死万足，至于仕进，非敢望也。日夜忧迫，复未知何以上答圣慈，明臣子之效。况臣常有肺气之疾，恐忽复先草露，途粪土，而所怀冥寞，孤负皇恩。敢摅竭愤懑，领略否则，作《封西岳赋》一首以劝，所觊明主览而留意焉。先是御制岳碑文之卒章曰"待余安人治国，然后徐思其事"，此盖陛下之至谦也。（《进封西岳赋表》）

臣之近代陵夷，公侯之贵磨灭，鼎铭之勋，不复照耀于明时。自先君恕、预以降，奉儒守官，未坠素业矣。亡祖故尚书膳部员外郎先臣审言，修文于中宗之朝，高视于藏书之府，故天下学士到于今而师之。臣幸赖先臣绪业，自七岁所缀诗笔，向四十载矣，约千有馀篇。今贾、马之徒，得排金门、上玉堂者甚众矣。惟臣衣不盖体，常寄食于人，奔走不暇，只恐转死沟壑，安敢望仕进乎？伏惟明主哀怜之。倘使执先祖之故事，拔泥途之久辱，则臣之述作，虽不能鼓吹六经，先鸣数子，至于沉郁顿挫、随时敏捷，而扬雄、枚皋之徒，庶可企及也。有臣如此，陛下其舍诸？伏惟明主哀怜之，无令役役，便至于衰老也。臣甫诚惶诚恐，顿首顿首，死罪死罪。臣以为雕者，鸷鸟之殊特，搏击而不可当，岂但壮观于旌门，发狂于原隰！引以为类，是大臣正色立朝之义也。臣窃重其有

029

英雄之姿，故作此赋，实望以此达于圣聪耳。不揆芜浅，谨投延恩匦进表献赋以闻。（《进雕赋表》）

总结三篇"表"文，不难看出，杜甫的求职简历，有如下三个要点：

一是颂圣。杜甫科举不顺，仕途坎坷，心中当然是有牢骚的。《乐游园歌》中的"圣朝亦知贱士丑，一物自荷皇天慈"，字里行间溢满愤懑之情。但是，有求于皇帝的时候，杜甫不能不收起这种愤懑。"岂陛下明诏，不仄席思贤于中哉"，皇帝当然是求贤若渴的明主，时代当然是美好的时代，自己之所以四十多岁了，还过着如此窘迫的日子，都是因为自己愚蠢顽劣，经学修养浅陋，对伟大时代没有补益。

二是哭穷。杜甫的哭穷，具体包括三个方面内容：一是家族衰落，二是身体老病，三是生活艰难。杜氏家族自汉朝末年杜恕、杜预父子以下，直到杜甫的祖父杜审言，都凭借儒术进身，走的都是读书做官的道路。但是，快到杜甫这一辈时，走了下坡路，"公侯之贵磨灭，鼎铭之勋，不复照耀于明时"。四十多岁在今天不算老，但是在古代，已经是志士迟暮之年，是文人感伤叹老的年龄。孔子说，四十五十还没有树立好名声的人，是不足敬畏的。四十多岁的杜甫，身体不好，患有"肺气之疾"。因此，他很担心自己在一事无成中死去。杜甫的贫穷，如上文所说，"卖药都市，寄食友朋"，大致能说明，杜甫长安跑官的十年，日子的确过得很凄惶。杜甫的哭穷，目的很明确，就是动之以情，希望能引起朝廷当权者和皇帝的注意，加以擢拔。

三是自夸。杜甫毕竟是以知识分子、诗人的身份在求职，少不了介绍一下自己的文学才华，"沉郁顿挫、随时敏捷，而扬雄、枚皋之徒，庶可企及"。从这几句话看，杜甫夸李白的"敏捷诗千首""一斗诗百篇"，其实同样适用于他本人。看得出来，杜甫给自己设定的是文学之臣的道路。

有人可能会说，杜甫的求职简历写得太不潇洒，太不硬气，有些庸俗，不免令千百年后喜爱他诗歌的读者感到憋气、失望，乃至沮丧。我认为，不必如此苛求古人。首先，唐朝风气如此，表中的哭穷哀求之词，其实多是套话；再者，这符合杜甫的思想和身份，他出身于"奉儒守官"的家庭，他的思想以主张积极入世的儒家思想为主；此外，可以从中看出杜甫当时处境的艰难，看出开元天宝盛世华衣下的阴暗与苦难。

从文采看，杜甫的求职简历写得生动，富有感情；从效果看，杜甫的求职简历达到了预期的目的，相当成功。

人脉资源

通读过杜甫诗文的人都知道一个事实：杜甫的人脉资源是相当丰富的。

晚年作于长沙的《江南逢李龟年》中，"岐王宅里寻常见，崔九堂前几度闻"两句，透露了这样一个信息：杜甫早年曾是王公权贵府中的常客、席上嘉宾。杜甫因为出身仕宦家庭，本人又有祖父杜审言遗风，擅长作诗，"读书破万卷，下笔如有神"（《奉赠韦左丞丈二十二韵》），十四五岁便到了洛阳、长安，开始活跃于文坛，并且受到了当时前辈名流李邕、王翰、崔尚、魏启心等人的赏识，"斯文崔魏徒，以我似班扬"（《壮游》）。把少年杜甫比作班固、扬雄，评价相当之高。其中李邕是唐朝非常著名的书法家，王翰是生性奢侈的豪门公子，也是著名诗人，都是不轻易赞许他人的名士。

青年时期追求功名仕进，杜甫赠诗干谒过的权贵有尚书左丞韦济、京兆尹鲜于仲通、河西节度使哥舒翰、差点做了宰相的驸马爷张垍、左丞相韦见素等。这些人，杜甫未必跟他们都有多么亲密，但是，能赠诗求汲，说明也是有一定关系的。其中，有转弯抹角的亲友关系，也有人赏识杜甫的才华。比如，韦济就非常赏识杜甫的才华，常在朝廷当着众官员的面，朗诵杜甫的诗作，为其延誉（《奉赠韦左丞丈二十二韵》"每于百僚上，猥诵佳句新"）。

杜甫《秋兴八首》之三有"同学少年多不贱，五陵衣马自轻肥"两句，说明杜甫有不少青少年时代的同学日后都飞黄腾达了。这些同学，杜甫显然并未跟他们所有人一直保持着友谊，但是，也颇有几位，杜甫跟他们的友谊是终生不渝的。例如曾官拜同中书门下平章事（宰相）的房琯，曾任国子监司业（副校长）、秘书少监的苏源明。这两位朋友死去之后，杜甫都写过深情缅怀的诗歌。

跟杜甫志趣相投的诗文朋友中，日后也有比较发达的。比如王维、高适、岑参、元结。王维做官做到尚书右丞；高适先后担任过淮南节度使、彭州刺史、蜀州刺史、剑南节度使等职，最后官至散骑常侍，封渤海县侯，被称为唐代仕途最显达的诗人；比杜甫小三岁的岑参，先后任太子中允，虞部、库部郎中，嘉州刺史；跟杜甫一道参加过科举考试的元结，做过监察御史、水部员外郎、道州刺史等。

杜甫一生交往较为密切的人中，有几位不同寻常的人物。第一位是汝阳王李琎，杜甫有诗句云"精理通谈笑，忘形向友朋""披雾初欢夕，高秋爽气澄"（《赠特进汝阳王二十韵》），可知两人一见如故。杜甫名作《饮中八仙歌》，就描写过这位深得唐玄宗喜爱的王爷的饮酒风采。第二位是汉中王李瑀，杜甫在梓州期间，跟这位王爷过从甚密，写过好几首赠他的诗歌，笔调轻松幽默。第三位是世交老友严武。这位性情暴戾的年轻朋友，是个文武双全之人，能率军征战，也能写一手好诗。严武曾先后担任御史大夫、吏部侍郎、成都尹、剑南节度使等职，曾因副官章彝的一点小小过失将其杖杀，也曾破吐蕃七万余众拔当狗城，威震西南。

因为仕宦家族的亲缘关系，因为严武等高官挚友的情面，杜甫往来的亲友中，在朝廷居中下级官职、在地方担任州县长官的，不胜枚举。因此，杜甫举家离开成都，沿长江东下，辗转荆楚，所到之处，都有做地方长官的亲友给予照顾。漂泊中的杜甫，听歌，观舞，筵宴不断。其中的大手笔是夔州都督柏茂琳，一下子拨给杜甫百顷公田，让杜甫实实在在地做了一年多的地主。

因为诗名大，杜甫生前即有不少仰慕者。例如，称赞杜甫"大名诗独步"的韦迢，称杜甫"新诗海内流传久，旧德朝中属望劳"的郭受，以"曹刘俯仰惭大敌，沈谢逡巡称小儿"形容杜甫的任华，以及喜爱杜甫戏题剧论诗作的众多江东士子。

按照某些社会的游戏规则，拥有如此广泛人脉的杜甫，要想在政府中谋一个像样点儿的职位，是轻而易举之事。这些跟杜甫有过或多或少、或深或浅交情的人中，可以汲引举荐杜甫的人，为数不少。但实际上，对杜甫施过援手的，并不多。所能确知的是，严武举荐杜甫挂了个"检校工部员外郎"的虚职。"厚禄故人"高适，只是从经济上资助过杜甫一家。杜甫一生的最高实职，不过是左拾遗这个八品官。这个官职，主要还是因为杜甫冒着生命危险逃出安史乱军占领的长安，历经艰辛，投奔临时朝廷所在地，忠心感动肃宗李亨，加上当时朝廷也的确缺人手，这才得到的。

杜甫的遭遇，从一个侧面说明，封建时代的李唐王朝，朝廷、政府职位的管理是相当严格的，不像某些朝代那样，可以卖官鬻爵，可以任意予夺，可以视同儿戏。

诗圣也好色

爱美之心人皆有之，好色之心男皆有之——除非他不是正常男人。杜甫当然是正常男人，因此，杜甫也好色。

杜甫好色，证据如下：

写于梓州期间（762—764）的《春日梓州登楼二首》之二，有"厌蜀交游冷，思吴胜事繁"两句。吴中胜事指什么？写于公元766年夔州时期的《壮游》一诗，回忆起自己二十几岁时游览吴越的难忘经历时，有"越女天下白，鉴湖五月凉"两句。很可能，杜甫的吴中胜事，就包括了"越女天下白"。二三十年之后，仍然念念不忘，可见肌肤白皙的越地女子，给杜甫留下了怎样美好、深刻的印象！

困守长安时期（746—755），到处干谒求官的杜甫，偶尔也参加一帮官二代组织的冶游。《陪诸贵公子丈八沟携妓纳凉，晚际遇雨二首》，就描写了某年初夏时分跟着几位贵家公子携带妓女，到丈八沟（天宝元年开通的一条漕渠，在下杜城西）

划船，纳凉、游玩、遇雨的情形：

> 落日放船好，轻风生浪迟。
> 竹深留客处，荷净纳凉时。
> 公子调冰水，佳人雪藕丝。
> 片云头上黑，应是雨催诗。

> 雨来沾席上，风急打船头。
> 越女红裙湿，燕姬翠黛愁。
> 缆侵堤柳系，幔宛浪花浮。
> 归路翻萧飒，陂塘五月秋。

　　眼前，被雨水打湿裙装的美女，眉目含愁，那该是多么动人的景致！

　　杜甫"骑驴三十载，旅食京华春"，固然有"朝扣富儿门，暮随肥马尘。残杯与冷炙，到处潜悲辛"（《奉赠韦左丞丈二十二韵》）的时候，但也不能否认有另一种情形：跟着达官贵人或他们的公子，携妓游玩。《乐游园歌》就描写了一次曲江冶游的情形，其中两句，"拂水低回舞袖翻，缘云清切歌声上"，生动地刻画出了载歌载舞的女子的美好形象。

　　杜甫的好朋友岑参及其弟弟，也曾经带杜甫参加过这种游玩活动。《渼陂行》中，"凫鹥散乱棹讴发，丝管啁啾空翠来""湘妃汉女出歌舞，金支翠旗光有无"，说明富有好奇心的岑氏兄弟安排的活动，是有歌舞妓参加的。"少壮几时奈老何，向来哀乐何其多"，是杜甫在美色当前时思及自己年华老去的惆怅心情。

《江畔独步寻花七绝句》四五六三首，连起来看，不像是杜甫真的在江畔独自散步，而更像是跟一位妇女有关的暧昧之行：

> 东望少城花满烟，百花高楼更可怜。
> 谁能载酒开金盏，唤取佳人舞绣筵。
>
> 黄师塔前江水东，春光懒困倚微风。
> 桃花一簇开无主，可爱深红爱浅红。
>
> 黄四娘家花满蹊，千朵万朵压枝低。
> 留连戏蝶时时舞，自在娇莺恰恰啼。

苏东坡认为黄四娘是一位农家妇女，他在海南期间一首题为《正月二十六日偶与数客野步嘉祐僧舍东南野人》诗中，有"主人白发青裙袂，子美诗中黄四娘"两句；清人浦起龙（《读杜心解》作者）径直认为"黄四娘自是妓人"。对此我有专文考证，认为黄四娘应该是"花禅"，即做过妓女的尼姑。经历过风月场的黄四娘出家之后，喜欢经营园艺。人雅花盛，杜甫乐于去她那里游玩赏花，流连忘返。其中，或许有点儿发乎情止乎礼的念头。

在四川，杜甫漂泊梓州、阆州时期，当地几位官员朋友喜欢携妓，搞游船宴会。《陪王侍御同登东山最高顶宴姚通泉，晚携酒泛江》一诗，描写的是一位王姓侍御招待的携妓夜游情形："清江白日落欲尽，复携美人登彩舟。笛声愤怨哀中流，妙舞逶迤夜未休。"好一个"妙舞逶迤夜未休"！根据《春日戏题恼郝使君兄》一诗描写，杜甫就经常被诗中所说的郝姓太守招去参加冶游活动。"愿携王赵两红颜，再骋肌肤如素练"，说明因为参加的次数太多，以至于杜甫都与这位太守姓王姓赵两位肌肤白皙的佳丽相熟了。"……请公一来开我愁。舞处重看花满面，尊前还有锦缠头"，似乎有点迷恋她们的意思。

邀请杜甫参加过冶游活动的地方官员中，姓李的梓州太守显然是最好此道的。有一回他安排的冶游，场面相当漂亮："江清歌扇底，野旷舞衣前。玉袖凌风并，金壶隐浪偏。竞将明媚色，偷眼艳阳天。"满船佳人，于碧水蓝天之间自在歌舞，那是多么赏心悦目的画面！

不过杜甫并非登徒子，他不但没有沉湎于冶游不能自拔，相反，还曾经劝告梓州太守，"使君自有妇，莫学野鸳鸯"。用汉朝民歌《陌上桑》中罗敷的口气，教导梓州太守不要玩得太过火，应该掌握分寸，不能太辜负家中妻子。

在夔州时期写的《观公孙大娘弟子舞剑器行》，固然也是一次观赏妓女表演的记录，但是，这个妓女不同于今天所说的妓女，她实际上是一位舞蹈技艺精湛的舞者，相当于今天的舞蹈明星。杜甫前后两次观看公孙大娘及其弟子李十二娘的剑器舞，属于健康的文艺欣赏。否则，当年在偃师，他父亲也不会带只有五六岁的杜甫去观看。

综上所述，杜甫好色，属于君子行为范围：好色而不淫，不沉湎，不猥琐。

船上那些韵事

宋代词人蒋捷有一首《虞美人·听雨》词，是这样的："少年听雨歌楼上，红烛昏罗帐。壮年听雨客舟中，江阔云低断雁叫西风。而今听雨僧庐下，鬓已星星也。悲欢离合总无情，一任阶前点滴到天明。"表现的是词人于人生三个年龄段听雨的不同场合与感受。杜甫在船上，也因年龄段的不同而有不同的趣味与感想。

青年杜甫南下吴越，结交义气朋友，观赏山水美人；中年杜甫作客楼船，饮酒，听曲，看舞蹈；晚年杜甫漂泊湖湘，在自家船上，品味自然景物的意蕴，捕捉花草鱼虫嬉戏的情趣。

青年、中年、壮年时期，在吴越、长安、梓州，杜甫都留下了欣赏"女色"的诗歌。但是，随着年龄的老去，身体日益衰病，忧愁日益深重，杜甫对女色越来越不感兴趣。他在船上看到的景致，也渐渐由歌舞伎女转向花草鱼虫。杜甫以诗人不泯的童心和丰富的想象力，给我们留下了数首情趣横生有如童话剧的作品。

在成都浣花溪畔，杜甫有自己的小船。毫无疑问，这条小船给杜甫一家的乡村田园生活增添了许多情趣。"昼引老妻乘小艇，晴看稚子浴清江"（《进艇》）。虽是简单的快乐，也足以羡煞旁人。

写于梓州期间的《舟前小鹅儿》一诗，传神地刻画了小鹅儿充满稚气、惹人爱怜的神态："引颈嗔船逼，无行乱眼多。翅开遭宿雨，力小困沧波。"

最富有情趣的，当然要数作于湖南境内的《风雨看舟前落花，戏为新句》："江上人家桃树枝，春寒细雨出疏篱。影遭碧水潜勾引，风妒红花却倒吹。吹花困癫傍舟楫，水光风力俱相怯。赤憎轻薄遮入怀，珍重分明不来接。湿久飞迟半日高，萦沙惹草细于毛。蜜蜂蝴蝶生情性，偷眼蜻蜓避伯劳。"仔细品读，桃树枝、篱笆、水、风、花、蜜蜂、蝴蝶、蜻蜓、伯劳鸟之间微妙的关系，就是一出绝妙的童话剧，引人入胜。此外，《小寒食舟中作》一诗，虽然整首诗笼罩着衰老、怀乡的悲情，但其中的"春水船如天上坐，老年花似雾中看。娟娟戏蝶过闲幔，片片轻鸥下急湍"几句，也是风致极佳的。

自然，只有艳遇韵事的小情调，不成其为杜甫。船上所见所闻，杜甫也写出过许多黄钟大吕之作。例如《旅夜书怀》《登岳阳楼》《夜闻筚篥》等。

有过几艘船？

　　似乎不少人有这样一种观念：只有把杜甫的人生说得很穷困很悲惨，才是对杜甫的尊重与理解。其实，这种观念不但是错误的，而且也是危险的。不尊重事实，必然会导出背离人性、扭曲人性的结论。

　　这里，我还要讲述一个事实：杜甫并没有许多人想象的那么穷。

　　如今稍微有点钱的人家，私家交通工具通常会有自行车、摩托车乃至轿车；唐代大诗人杜甫不算有钱人，但也不像许多人想象的那么贫穷——毕竟出生于世代为官的家庭，交通工具方面，他也有过驴、马和船。农业国度，封建时代，有驴、马代替脚力，不足为奇，有过船只，却有点不寻常，大概有点类似今天拥有奔驰、宝马之类豪车。事实上，杜甫家有过的船，还不止一艘（只）。

　　作于晚年夔州（今天重庆奉节）时期的《壮游》诗，回忆二十几岁时漫游吴越情形，有"东下姑苏台，已具浮海航。到今有遗恨，不得穷扶桑"四句。字面意思是：漫游到姑苏一带时，得到一次乘船渡海的机会；杜甫终身为之遗憾的是，没能利用这次机会到扶桑（今日本）一游。

到成都不久所作的《春水生二绝》之二，杜甫感慨"南市津头有船卖，无钱即买系篱旁"。似乎是想买，但一时缺钱，没能如愿。但是，不久之后写的《进艇》诗，就有"昼引老妻乘小艇，晴看稚子浴清江"两句。据情理推测，这个时候，杜甫家有了一只可供在浣花溪中兼作交通、娱乐工具的小艇。

杜甫为躲避徐知道之乱，辗转到了梓州。打算取道阆中，离开四川，东下吴楚。为此，杜甫大概向在当地做官的朋友们（多为州县长官）表示过自己需要一艘船。《春日梓州登楼二首》之二"厌蜀交游冷，思吴胜事繁。应须理舟楫，长啸下荆门"，便有这个意思。《将适吴楚，留别章使君留后，兼幕府诸公，得柳字》诗中有"相逢半新故，取别随薄厚。不意青草湖，扁舟落吾手"四句，显然，有人真的赠送了他一艘船。或许，这艘船就是《绝句四首》诗"门泊东吴万里船"中的那一艘。

公元765年阴历五月，杜甫携家离开成都，至嘉州、戎州、渝州、云安，因病滞留云安一年多。然后，再至夔州。从《宿青溪驿奉怀张员外十五兄之绪》《旅夜书怀》《放船》等诗看，这一路的交通工具应该是船。至于是不是他在梓州或成都时得到的船只，难以肯定。

在夔州逗留两年之后，杜甫又携家沿江东下，至江陵、公安、岳州、南岳、潭州、耒阳，最终卒于潭州与耒阳之间。这一趟历时近三年的水上旅程，杜甫一家基本上以船为屋。船上三年，杜甫颇有冬寒、暑热之叹；《登岳阳楼》诗有"亲朋无一字，老病有孤舟"之句；《燕子来舟中作》诗写燕子两度衔泥到船上筑巢，"湖南为客动经春，燕子衔泥两度新"。根据种种迹象可以肯定，杜甫所乘之船是他自家之物，他不是临时搭乘。至于船工，当是杜甫出钱雇佣的。《解忧》诗"减米散同舟，路难思共济"，其中的同舟，就是船工。"向来云涛盘，众力亦不细"，可以证明，不是萍水相逢的乘客。杜甫分米给他们，是为了表示感谢，为了更加安全快捷地旅行。

《放船》诗云"收帆下急水，卷幔逐回滩"；《将晓二首》之一云"垂老孤帆色，飘飘犯百蛮"；《发刘郎浦》诗云"挂帆早发刘郎浦，疾风飒飒昏亭午"。可见，这一时期，杜甫家的船是帆船。不过，有时候他也称之为"扁舟"。例如，《白帝城楼》："彝陵春色起，渐拟放扁舟。"

综上，杜甫一生，至少先后拥有过两三艘（只）属于自家的船。有小船，也有需要多位船工驾驭的帆船。

一生结过几次婚？

历代文学家中，杜甫（712—770）的生平事迹算是较为清晰可考的。杜甫留存于世的一千四百多首诗歌作品，基本上都可以按照创作年份进行编排。通读杜甫的编年诗集（例如仇兆鳌的《杜诗详注》，杨伦的《杜诗镜铨》），我们可以较为清晰地看到诗人后半生的行踪、事迹。

杜甫死后的一千多年里，从来没有人议论过他的婚姻史。大约所有的人都认为，杜甫是跟原配杨氏夫人（弘农人杨怡之女）白头偕老的。换言之，杜甫一生除了杨氏夫人，没有娶过别的女人。

但是，到了二十世纪九十年代，忽然有一位王辉斌先生提出新观点：杜甫于杨氏夫人去世之后，在夔州再娶一位卓姓女子。也就是说，他认为杜甫一生结过两次婚。这位王辉斌先生，从 1991 年开始多次撰文申述这一观点。他的主要推论依据，简单地说，有如下两点：

一是在杜甫公元 766 年到达夔州之前，杨氏夫人已经去世。做出这个推论的依据是，杜甫跟杨氏夫人结婚的时间，不应该是学术界公认的开元二十九年（741），而是开元二十二年（734）。因为开元二十九年杜甫都已经三十岁了，那时结婚不符合情理，也不符合法令。开元二十二年，皇帝曾颁布诏书，规定男子十五岁女子十三岁以上应该结婚。元稹《唐故工部员外郎杜君墓系铭并序》说杨氏夫人"四十九年而终"，按照开元二十二年结婚的时候她十九岁计算，杨氏夫人应该死于公元 764 年左右。

二是杜甫作于夔州时期的《孟仓曹步趾领新酒、酱二物满器见遗老夫》一诗，有这样两句"理生那免俗，方法报山妻"，一改以往称呼妻子为"老妻"的惯例，用了"山妻"一语。这"山妻"就是杜甫续弦所娶的女子。

对于这个新观点，我所接触过的杜甫研究者都是不以为然的。绝大多数人觉得不值得一驳，所以都保持沉默。当然也有人撰文予以辩驳，例如重庆市奉节县政协的李君鉴先生就曾经撰文，对王辉斌所提出的论据逐一进行反驳。

我这里不是写研究综述，不打算罗列双方论据，只直接说出我的看法：王辉斌的新观点够大胆，李君鉴的反驳很有力。单纯从学术论证上说，当然是后者更为可信。但是，毕竟是一千多年前的事情了，民政局、档案馆都不可能查到杜甫结婚的档案材料——那时候有没有结婚档案还不清楚，也无法访问杜甫生前好友、直系亲属或其他当事人，就此事展开调查。

无论哪一方面有多么强有力的证据，都很难让对方放弃其观点，心悦诚服地接受自己的意见。就是说，只要王辉斌先生愿意坚持，我敢肯定，没有人能够说服他改变主意。

作为杜甫研究者，我认为，杜甫是否再婚这个问题，当然可以继续研究，继续争论。但若是单从阅读杜甫诗集的感受出发，我愿意相信传统的看法：杜甫并未再婚。我相信，绝大多数普通读者也会是持这种观点的。

杜甫到达夔州之前的诗歌作品已经足够清楚地表明：我们的诗圣是深深地爱着他的杨氏妻子的，是一个恋家的男人。同时，我们基本可以肯定，他从来不在外边沾花惹草——参加别人携带妓女的冶游、宴饮活动，是那个时代常见的社交方式，杜甫当然是曾经参加过的。

杜甫跟杨氏妻子相亲相爱的诗证很多，这里随手举几个：

安史之乱爆发后，公元756年，杜甫因为在长安找工作，准确地说是寻找做公务员的机会，一度被困长安。当时妻子儿女正寄居在鄜州（今陕西富县）妻舅那边。一个月夜，杜甫在围城中想念家人，写下了著名的《月夜》一诗。诗中后四句专门倾诉对妻子的思念之情："香雾云鬟湿，清辉玉臂寒。何时倚虚幌，双照泪痕干？"当时杜甫已经四十五岁了，用词还这么肉麻（后代一些道学家对此相当有意见），原因只有一个：他太爱自己的妻子了。

公元757年，杜甫做了左拾遗后，从当时流亡朝廷所在地凤翔返回羌村看望妻儿。《羌村三首》的第一首，记录了夫妻见面的情景。傍晚初见时，"妻孥怪我在，惊定还拭泪"；夜深人静，儿女睡去后，夫妻二人"夜阑更秉烛，相对如梦寐"。夫妻二人，因为重逢的喜悦，都不敢相信是真的见面了，谁也不愿意睡去。这是什么样的夫妻感情！

到达成都之后，因为得到一些在当地担任行政长官的亲友的帮助，杜甫一家在浣花溪畔结庐而居，过上了相对安定的生活。杜甫这一时期的诗歌中，描写了如下两个生活片段：一个是"老妻画纸为棋局，稚子敲针作钓钩"（《江村》）；一个是"昼引老妻乘小艇，晴看稚子浴清江"（《进艇》）。这样悠然、陶然的生活情景，只有夫妻真心相爱的家庭才可能拥有。

在成都定居时期，有一阵子，杜甫为了躲避当地军阀的叛乱，只身到了梓州（今四川三台县）一带。当地一位李姓州长官喜欢携妓冶游，泛舟江上，一边饮酒，一边欣赏歌舞。杜甫在参加过几次这样的活动之后，曾写信规劝这位州官"使君自有妇，莫学野鸳鸯"（《数陪李梓州泛江，有女乐在诸舫，戏为艳曲二首赠李》之二）。可见，杜甫是一个重视家庭、敬重妻子的人。

研究文学现象，一种主要依靠主观猜测、并无铁证的新说法，如果它不但不会导致什么积极效果，反而会破坏人们心目中原有的美好形象时，我认为，就需要慎之又慎。否则，就跟一些小报娱乐版记者捕风捉影、无中生有，没有什么区别了。

纳过小妾吗？

我当然不希望杜甫纳过小妾。因为，即使是在封建时代，纳妾也不是什么光荣的事情。作为多年来一直爱读、爱说杜甫及其诗歌的书生，我希望杜甫是一个人品、道德上没有瑕疵的完人。但是，当我听到有人义愤填膺地表示，要驱逐、痛打欲于学术会议上发表杜甫晚年纳过小妾的观点的同行时，我还是感到了惊诧。我惊诧于这义愤的粗暴鲁莽。至少应该先听听人家是怎么说的，有哪些论据嘛。听完之后，再论是非不迟。当然，学术探讨，言者无罪，以君子动口不动手为宜。

很遗憾，我终于没能看到传说中的杜甫晚年纳过小妾的论文，不知道论者究竟提出了哪些论据。受其启发，我翻检了一遍杜甫诗集，看到三首有"婢""女奴"词语的诗句：《水阁朝霁，奉简严云安》："呼婢取酒壶，续儿诵文选。"《秋，行官张望督促东渚耗稻向毕，清晨遣女奴阿稽、竖子阿段往问》："清朝遣婢仆，寄语逾崇冈。"《避地》："诗书遂墙壁，奴仆且旄旌。"前两首，在一般编年诗集中都被编在夔州期间，《避地》是逸诗，真假有待甄别，系年不详。这里姑且假设这首诗是杜甫所作，而且也作于夔州期间。

如果说，这些诗中的"婢""女奴"就是小妾的话，势必令人感到困惑：夔州时期，杜甫已经是五十四五岁的人，进入了他生命的暮年阶段，而且患有严重的风痹、消渴症（糖尿病）等多种疾病。在此之前从未有过纳妾迹象的杜甫，怎会有如此巨变，以至于"晚节不保"呢？

事实上，杜甫作诗，如果是妾，他会直接用"妾"这个字，不会用"婢""女奴"等词语。例如，《得舍弟消息》："汝书犹在壁，汝妾已辞房。"

我认为，比较合理的解释应该是：杜甫在夔州，因为时任嘉州刺史的老朋友岑参和时任云安知府的严氏等人的关照，夔州都督柏茂琳让杜甫管理上百顷公田，杜甫自己又购置了数十亩住宅附地，因此需要不少劳动力。杜甫诗中，就出现了阿段、信行、阿稽等多位土著奴仆的名字。这些奴仆，都是柏茂琳拨给他的临时劳动力，而不是杜甫自家的奴仆。诗中的"婢""女奴"，可能就是女奴阿稽，是杜甫家的临时保姆，并非卖身婢仆。杜甫对这些奴仆充满同情，多首诗歌中描写了他们入深山修理水道、砍伐木材等艰苦、危险的劳动情形。有时候，杜甫也让自己的儿子宗文跟这些奴仆一样干粗活。可见，杜甫对待奴婢的情怀，一如陶渊明的"彼亦人子也"，是平等、体恤的。

其实，即使杜甫真的纳过妾，也不见得就是多大的罪恶。我认为，评价纳妾这种个人行为，要考虑如下几个方面的因素：一是当时律法、风俗是否许可；二是对待姬妾是否合乎人道人性；三是是否损害到他人的尊严、利益。如果，这三方面都是没有问题的，就不能算是罪恶。比如，苏东坡之于王朝云，归有光之于寒花，都能以礼相待，一往情深。对于他们，我们不但不能加以谴责，还应该予以肯定和赞扬。而像朱自清父亲那样，生于有识之士大力提倡生活新风尚的年代，还在为一己的欢愉纳妾，气死生母，支尽儿子薪水，就应该予以谴责。至于今天的一些政府官员，违反党纪国法，瞒着家人，盗窃纳税人的钱，大量纳妾（现在叫包二奶、养情妇），就更是罪大恶极，理当严惩不贷。

根据杜甫诗中的描写，当时由于战乱频仍，民生凋敝，夔州地区大量女性成年之后，无法结婚，只能辛苦劳作，养活自己，孤独以终老。"夔州处女发半华，四十五十无夫家。更遭丧乱嫁不售，一生抱恨长咨嗟"（《负薪行》）。这种情况下，倘若杜甫能在处理好家庭关系的前提下，根据自身财富能力，纳一两个妾，就不惟无罪，反而有功。因为，他为解决社会问题，尽了自己的一份力量。至少，这种做法可以减轻或免去一两个妇女及其家庭的饥寒苦况。

待业十年，杜甫是怎样生活的？

> 许与必词伯，赏游实贤王。曳裾置醴地，奏赋入明光。
> 天子废食召，群公会轩裳。脱身无所爱，痛饮信行藏。
> 黑貂不免敝，斑鬓兀称觞。杜曲晚耆旧，四郊多白杨。
>
> ——摘自杜甫《壮游》

  天宝五载（746），三十五岁的杜甫结束了漫游齐赵、裘马清狂的公子哥生涯，来到长安，开始他近十年的待业岁月。直至天宝十四载（755），杜甫才得了一个右卫率府胄曹参军的从八品小官职。这近十年的时间，杜甫是怎样度过的？或者说，杜甫的状态、心情是怎样的？我相信，喜爱杜诗的人对这样的问题是会感兴趣的。

  在此之前，杜甫应该不止一次到过长安。但这一次不同，他要开始在这里追求功名，谋取仕进，实现他"致君尧舜上，再使风俗淳"的人生梦想。毫无疑问，这座当时世界上最热闹繁华的国际大都会，在杜甫眼里是充满魅力的，在杜甫心中是充满希望的。因此，他的诗中就自然地涌现出了许多有趣的人物和故事。八位先后在长安居住过的嗜酒人士，最先引起了杜甫创作的灵感。贺知章、李琎、李适之、崔宗之、苏晋、李白、张旭、焦遂，这几个人物，或者是著名诗人、书法家，或者是王公达官，在酒精的激发下，都表现出了人性中自由狂放的一面。其中，写李白的部分，"李白斗酒诗百篇，长安市上酒家眠。天子呼来不上船，自称臣是酒中仙"，最为自由狂放，最是妙趣横生。对于他们，杜甫也不拘礼节，除了汝阳王李琎和左丞相李适之外，全都直呼其名。年轻诗人，气势如虹。《饮中八仙歌》，字面上，我们看到的是八位嗜酒名人的逸闻趣事。但透过字面，我们分明可以感觉到，诗人杜甫心中有一股张开双臂拥抱长安的豪迈之情。

杜甫的豪迈之情，还淋漓尽致地表现在一个特殊的场合——赌桌上。可能会令今天的许多读者大吃一惊，忧国忧民、啼饥号寒的诗圣杜甫，三十五六岁的时候，竟然有过豪赌的行为。这不是我的凭空杜撰，有诗为证。《今夕行》："今夕何夕岁云徂，更长烛明不可孤。咸阳客舍一事无，相与博塞为欢娱。凭陵大叫呼五白，袒跣不肯成枭卢。英雄有时亦如此，邂逅岂即非良图。君莫笑，刘毅从来布衣愿，家无儋石输百万。"初到长安，住在客舍里，长夜无以消遣，于是跟一帮同住客舍的人玩一种古名"摴蒱"或"五木"（类似今天掷骰子）的赌博游戏，大呼小叫。只可惜，杜甫手气欠佳，输了不少钱。不过，杜甫到长安，大概是带了一些钱的，偃师、长安、洛阳等地都有一些田地产业，他输得起，还能拉出古人刘毅来自我宽慰。"英雄有时亦如此"，可谓财大气粗。

常言道：坐吃山空。这样的日子，当然不能持久。这一时期，广泛结交名流权贵，四处献诗干谒，杜甫先后向汝阳王李琎、河南尹左丞相韦济、翰林学士张垍、京兆尹鲜于仲通、开府仪同三司哥舒翰、起居舍人田澄等人投诗求汲。但是，一无所获。随着时间的流逝、挫折的增加，杜甫诗文中也出现了哭穷诉苦的句子。例如："骑驴三十载，旅食京华春。朝扣富儿门，暮随肥马尘。残杯与冷炙，到处潜悲辛"（《奉赠韦左丞丈二十二韵》）；"饥卧动即向一旬，敝衣何啻联百结。君不见空墙日色晚，此老无声泪垂血"（《投简咸华两县诸子》）；"退尝困于衣食"（《进封西岳赋表》）；"衣不盖体，尝寄食于人，奔走不暇"（《进雕赋表》）。当然，最苦的还是内心。流年似水，身体日益衰弱多病，而人生理想实现无望，怎不叫人心急如焚，愁肠百结！"牢落乾坤大，周流道术空"（《奉寄河南韦尹丈人》）"有客虽安命，衰容岂壮夫""老骥思千里，饥鹰待一呼"（《赠韦左丞丈济》）。"语不惊人死不休"的伟大诗人杜甫，是表现人间苦情悲情的大师，难怪后人多以为他的人生从来都是一片灰暗、不见天日的。

事实上，杜甫的生活并没有那么悲惨。困难当然是有的，但不到那个悲惨程度。请注意，上述哭穷诉苦的诗句，基本上都是杜甫写给达官贵人或皇帝看的，是为了打动他们的恻隐之

055

心，请他们举荐自己，擢拔自己。在杜甫本人的另外一些并非写给求汲对象看的诗篇中，"朝扣富儿门，暮随肥马尘"的生活，没有悲惨到"残杯与冷炙，到处潜悲辛"的地步。杜甫这一时期交往的王公权贵中，汝阳王李琎、驸马郑潜耀、一位姓何的将军等，都曾热情慷慨地宴请过他，都让他感到了愉快。有诗为证："披雾初欢夕，高秋爽气澄。樽罍临极浦，凫雁宿张灯。花月穷游宴，炎天避郁蒸。研寒金井水，檐动玉壶冰"（《赠特进汝阳王二十韵》）；"主家阴洞细烟雾，留客夏簟清琅玕。春酒杯浓琥珀薄，冰浆碗碧玛瑙寒"（《郑驸马宅宴洞中》）。"鲜鲫银丝脍，香芹碧涧羹"，"银甲弹筝用，金鱼换酒来"（《陪郑广文游何将军山林十首》）；"问讯东桥竹，将军有报书""犬迎曾宿客，鸦护落巢儿"（《重过何氏五首》）。这些人对杜甫都以客礼相待，不但食物精美，为人性情也颇投缘。例如何姓将军，不但热情邀请杜甫去他家做客，他的兴趣爱好也跟杜甫相近。"床上书连屋，阶前树拂云。将军不好武，稚子总能文。醒酒微风入，听诗静夜分。"（《陪郑广文游何将军山林十首》）杜甫跟他们在一起，谈诗论文，是有共同语言的。用现在的话说，杜甫活跃在上流社会的沙龙筵宴中，生活丰富多彩。

十年里没有谋得科举功名（天宝六载，好不容易有一次机会，"诏征天下士有一艺者，皆得诣京师就选"，却被李林甫捣鬼，天下士子"无有第者"，杜甫自然是空欢喜一场），没有得到一份工作，完全靠着祖上留下的产业、亲友的接济帮助，但与此同时，家里又不断地添丁加口，再加上水旱之类天灾，杜甫一家的生活，难免有捉襟见肘的时候，总体而言是每况愈下的。不难想象，他一定有体会人情冷暖、世态炎凉的机会。一首《贫交行》，"翻手作云覆手雨，纷纷轻薄何须数。君不见管鲍贫时交，此道今人弃如土。"说明杜甫是品尝过个中滋味的。

但与此同时，杜甫也有一批并不势利的朋友——书法家顾诚奢、广文馆博士郑虔、诗友高适岑参、无名之友王倚等。《送顾八分文学适洪吉州》"文学与我游，萧疏外声利。追随二十载，浩荡长安醉。高歌卿相宅，文翰飞省寺"，表现的是杜甫与顾诚奢的纯洁而持久的友谊。《醉时歌》"日籴太仓五升米，时赴郑老同襟期。得钱即相觅，沽酒不复疑。忘形到尔汝，痛饮真吾师。清夜沉沉动春酌，灯前细雨檐花落。但觉高歌有鬼神，焉知饿死填沟壑"。杜甫、郑虔这对忘年的朋友，贫贱之中见交情，十分感人。《病后遇王倚饮赠歌》"惟生哀我未平复，为我力致美肴膳。遣人向市赊香粳，唤妇出房亲自馔。长安冬菹酸且绿，金城土酥静如练。兼求富豪且割鲜，密沽斗酒谐终宴。故人情义晚谁似，令我手脚轻欲漩"。王倚，籍籍无名之人，但这一顿招待杜甫的家常便饭，在杜甫眼里却远胜山珍海味千万倍。《城西陂泛舟》"青蛾皓齿在楼船，横笛短箫悲远天。春风自信牙樯动，迟日徐看锦缆牵。鱼吹细浪摇歌扇，燕蹴飞花落舞筵。不有小舟能荡桨，百壶那送酒如泉"，这是喜欢过新鲜刺激生活的诗友岑参招待杜甫的浪漫节目。类似的浪漫生活，杜甫在《陪诸贵公子丈八沟携妓纳凉，晚际遇雨二首》中，也有所描写。对唐代诗人来说，各种娱乐形式中，诗歌唱和是最流行、最快乐的事情。《同诸公登慈恩寺塔》，就是一次跟高适、薛据等诗友同游慈恩寺塔（即大雁塔）之后的同题诗作。晚年所作的《壮游》诗中"许与必词伯"一句，足以说明杜甫为有高适、岑参等一班优秀诗人朋友经常一起游玩酬唱感到自豪。不用说，这些朋友都曾给过待业中的杜甫不少快乐和慰藉。

天宝十三载（754）秋天，关中一带连降暴雨，庄稼遭灾，物价飞涨，杜甫一家的生计更加艰难，以至于出现了杜甫无钱买酒的窘迫境况。

因为投向延恩匦的一篇赋文（《三大礼赋》）得到唐玄宗的赏识，终于，天宝十四载（755）十一月，杜甫得到了一个叫"右卫率府胄曹参军"的从八品官职。尽管位卑薪薄，只够解决杜甫的饮酒开销，尽管此后杜甫的生活仍然充满艰难，经常陷入贫困，但是，这毕竟是杜甫十年求职的句号。从此以后，杜甫就不再是待业之人了。

长安求职的十年，是杜甫人生的一个低谷时期。沧海横流方显英雄本色，这个时期，有两件事情可以证明杜甫的不同凡响：一是他始终没有停止诗歌创作，写出了《饮中八仙歌》《奉赠韦左丞丈二十二韵》《兵车行》《丽人行》《前出塞九首》《醉时歌》等优秀作品；二是他没有一味地沉湎于自身的艰难困苦中，而是推己及人，对地位比自己还低的平民百姓表示同情。得官不久所写的《自京赴奉先县咏怀五百字》一诗，在为自己幼子饿死感到悲痛惭愧的同时，更为比自己还悲惨的"失业徒""远戍卒"深表忧虑和同情。杜甫自己是"生常免租税，名不隶征伐"（不必缴纳租税，不必服兵役）的士族阶层。"默思失业徒，因念远戍卒。忧端齐终南，澒洞不可掇"。这是一种什么精神？这是爱百姓超过爱自己家人的精神！

不得不承认，虽然杜甫诗歌的艺术成就是多方面的，能清新流丽，能沉郁顿挫，能诙谐幽默，能庄严大度，但是，他之所以名垂千古，主要还是凭他那些忧国忧民、反映社稷苍生苦难的作品，如《自京赴奉先县咏怀五百字》、《北征》、前后《出塞》、"三吏"、"三别"之类作品。杜甫能够写出这一类情感贴近底层百姓的作品，十年求职期间所遭受的挫折、所经历的苦难，起了至关重要的催化作用。倘若杜甫一直过着"西归到咸阳"之前那样的公子哥生活，或者到咸阳之后一帆风顺，飞黄腾达，都不可能成为日后的"诗圣"杜甫。

没你想象的那么穷苦

唐宋以来，很多人都把杜甫当作受苦受难的典型，以为他大半生都处于饥寒交迫状态。这种认识有一定的事实依据。但是，既不全面，也不准确。一些人根据杜甫《自京赴奉先县咏怀五百字》中的"幼子饥已卒"和《茅屋为秋风所破歌》中的"布衾多年冷似铁""床床屋漏无干处"等诗句，把杜甫一家想象成贫农无产阶级，则明显违背了史实。由于中年以后仕途坎坷，兼之遭逢长达七年多的安史之乱，很多时候，杜甫心情糟糕，漂泊路上，杜家老小吃过不少苦。因此，说杜甫穷困潦倒也不为过。但是，有两个事实不容否认：一是，杜甫所到之处，基本上都有在当地担任地方官员的亲友，能给予他物质上的帮助；二是，杜甫家并非赤贫之家，一直是有房地产业的。

历史上的杜甫，没有人们想象的那么穷苦。

杜甫的后半生，跟妻子儿女分居两地，一家人为逃难翻山越岭的苦头是吃了不少，但真正濒临绝境、说得上饥寒交迫的，其实只有同谷时期。华州弃官之后，杜甫举家迁往秦州。初到秦州，他们全家居住在东柯谷。不久，因为僧人赞上人的推荐、怂恿，曾到西枝村觅址，准备在那里修筑草堂，作定居打算。杜甫此时心情，类似陶渊明的归去来兮时分，有摆去拘束、得到自由的喜悦。大概由于原先承诺能给予帮助的侄子杜佐不能践诺，杜甫的西枝村草堂未能建成。不久，恰好有在同谷县为官的亲友来信相邀。于是，翻山越岭，又举家迁往同谷。不料，同谷的情况比秦州要糟糕得多。杜甫竟然落到须于寒冷的深秋亲自跑到山上捡拾橡果、栗子，穿着单薄的衣衫、扛着锄头在雪地里寻找黄独（山芋之类）以疗家人饥肠的地步。挖不到黄独，全家都要挨饿，"男呻女吟四壁静"（《同谷七歌》第二章）。

不过，同谷的悲惨生活并未持续很久。没满一个月，杜甫一家就踏上了前往成都的道路。

杜甫一生其他时间的生活，虽然诗文中屡见诉苦哭穷的语句和片段。但实际上，都还是过得去的。诉苦哭穷，不排除杜甫出于谋求仕进需要的夸张成分——"语不惊人死不休"的表现形式之一。换言之，这种穷苦，基本上是仕途坎坷、人生理想难以实现的困厄、苦恼，而不是物质生活的贫穷、凄苦。当然，不能否认，一时间接济不上，出现捉襟见肘的情况，也是有的。

三十五岁到长安谋求仕进之前，因为父亲健在，还有亲戚照拂，杜甫先后畅游吴越，跟苏源明等放荡齐赵之间，跟李白同游齐鲁，跟李白、高适相约游梁宋……对于其中"放荡齐赵"前后十年的生活情形，杜甫曾在《壮游》一诗中做了生动的描述："放荡齐赵间，裘马颇清狂。春歌丛台上，冬猎青丘旁。呼鹰皂枥林，逐兽云雪冈。射飞曾纵鞚，引臂落鹙鸧。苏侯据鞍喜，忽如携葛强。"显然，杜甫青少年时期所过的，是无忧无虑、富裕快活的公子哥的日子！

在长安追求仕进的十年，被学者们称为"困守长安"时期。这一时期的诗文作品，有不少诉苦哭穷的语句和片段。例如，《奉赠韦左丞丈二十二韵》："骑驴三十载，旅食京华春。朝扣富儿门，暮随肥马尘。残杯与冷炙，到处潜悲辛。"《投简咸华两县诸子》："饥卧动即向一旬，敝裘何啻联百结。"《醉时歌》；"杜陵野客人更嗤，被褐短窄鬓如丝。日籴太仓五升米，时赴郑老同襟期。得钱即相觅，沽酒不复疑。"《进雕赋表·序》："衣不盖体，常寄食于人。"《进三大礼赋表·序》："卖药都市，寄食友朋。"所有这些诗文的语句和片段，我认为都不能坐实了看。因为，都可能含有杜甫自鸣悲苦以期打动权贵和皇帝恻隐之心、谋取功名踏上仕途的意图。须知，杜甫是官宦子弟，母亲出自唐朝望族清河崔氏，他的众多亲戚、妻族都是官宦人家。杜家有多处田地、产业。国家太平时期，杜甫一家靠收租生活，完全不成问题。杜家又是"生常免租税，名不隶征伐"的特权阶层（《自京赴奉先县咏怀五百字》）。其实，细读《醉时歌》"日籴太仓五升米，时赴郑老同襟期。得钱即相觅，沽酒不复疑"四句，不难读出杜甫有接济好朋友广文馆博士郑虔的意思。

成都时期，先后有裴冕、高适、严武等地方高官的资助；夔州时期，又得到都督柏茂琳的大力资助；由四川至湖南的迁徙路上，又有若干为官亲友的资助与接待；杜甫一家"漂泊西南"的十年（760—770），过的无疑是"地主阶级"的日子。成都草堂，杜甫能种那么多竹木、果树，土地面积不会太小；在幕府担任参军，当有薪水可领。在夔州瀼西，杜甫得到的住宅，附有果园四十亩；在江北东屯，又有稻田若干顷（公田一百顷的说法未必可靠）；夔州时期，有伯夷、辛秀、信行、阿段、阿稽等好几个当地土著"隶人"为其所用。所有这些，杜甫诗歌中都有明确的记载。

"漂泊西南"期间，也有朋友接济不周的时候。例如，作于成都期间的《狂夫》诗云："厚禄故人书断绝，恒饥稚子色凄凉。"同时，性情刚直的诗人对这种依靠亲友的生活，也并不心甘情愿。《秋日荆南述怀三十韵》诗云："苦摇求食尾，常曝报恩腮。"但是，人生天地间，谁的日子能是事事如意、年年富足、天天惬意的呢？生逢乱世，像杜甫那样，一路之上都有人资助照顾，可以处处为家，也堪称左右逢源了。

穷苦的杜甫，是诗人杜甫通过诗歌塑造出来的自传体文学形象；历史上曾任左拾遗、晚年挂了个检校工部员外郎、字子美号少陵的杜甫，他的一生其实并没那么穷苦。事实上，杜甫的一生，比貌似潇洒、飘逸的李白，要好过很多！

这里，我们就来盘点一下杜甫一家的财产，看看他都有哪些房地产业。

作于公元763年（当年杜甫五十二岁，在梓州，今四川三台县）的《闻官军收河南河北》诗"便下襄阳向洛阳"一句，杜甫自注云"余有田园在东京"；作于公元767年（当年杜甫五十六岁，在夔州，今重庆奉节县）的《秋日夔府咏怀奉寄郑监李宾客一百韵》诗有"两京犹薄产"一句。这都说明，杜甫家在长安、洛阳两个当时的都城辖境，都是有房地产业的。产业不见得有多大，但是，所在地都不寻常。打个比方，相当于今天在北京上海都有房地产。

杜甫在洛阳的房地产业，有可能指陆浑庄，也可能除陆浑庄外，另有洛阳城里的其他产业。公元741年，杜甫写作《祭当阳君文》，"小子筑室首阳之下，不敢忘本，不敢违仁，庶刻丰石，树此大道，论次昭穆，载阳显号"云云。这是新居落成，昭告远祖。《寄河南韦尹》"甫有故庐在偃师"，《忆弟二首》原注"时归在河南陆浑庄"，指的大概是同一个地方。陆浑庄是杜家老宅所在地，也是杜甫与弘农杨怡之女结婚成家之地，除了房产，应该还有一些土地。

杜甫在长安的资产，具体有哪些不详。但至少有一块耕地。《曲江三章》之三："杜曲幸有桑麻田，故将移住南山边。"桑麻田，就是耕地。杜曲，即樊川韦曲东边十里的北杜，地近终南山。"城南韦杜，去天尺五"（杜甫《赠韦七赞善》自注），显然，这是一块靠近皇宫的土地，寸土寸金。

秦州（今甘肃天水）、同谷（今甘肃成县），都是杜甫一家漂泊路上的短暂居留地，应该没有置办什么产业。

而翻越秦岭抵达成都后，因为有一帮亲友的帮助，浣花溪一带气候宜人，景物悦目，杜甫曾有长住的打算，在那里建设了一个不错的家园。初到成都，杜甫写了一系列描写经营草堂情形的诗歌：《萧八明府实处觅桃栽》《从韦二明府续处觅绵竹》《凭何十一少府邕觅桤木栽》《凭韦少府班觅松树子栽》《诣徐卿觅果栽》等。归纳一下，杜甫种植的树木品种有桃、绵竹、松树、果树等，其中，光是桃树杜甫就种了一百株，桤木占地十亩，松树四棵。根据这些数字，可以想象，杜甫的成都草堂，附宅之地，得有数十亩。郭沫若先生称杜甫这一时期过的是"地主阶级生活"，动机固然不纯，但结论并没有冤枉杜甫。

离开成都之后，杜甫一家经忠州、云安，到夔州，在那里逗留了两年。这两年里，因为夔州都督柏茂琳的关系，杜甫家先后在瀼溪、东屯拥有过带四十亩果园的住宅，负责耕种过一百顷公田，有过阿段、信行、伯夷、阿稽等男女仆役。这些情况，在《示獠奴阿段》《信行远修水筒》《驱竖子摘苍耳》《夔州歌十绝句》《缚鸡行》《竖子至》《课伐木》《秋行官张望督促东渚耗稻向毕，清晨遣女奴阿稽、竖子阿段往问》等诗中，都有所记载。种种迹象表明，杜甫一家在夔州期间的生活，较之成都时期，有过之而无不及。

综上可见，杜甫家的经济情况，虽然并不景气，但是，比起李白家来，显然要好得多。听到朝廷军队收复河南河北地区的消息时，杜甫第一时间就萌生了返回洛阳的念头。这说明，在洛阳，杜甫有养活一家人的条件。李白晚年，老无所依，只能投奔做当涂县令的族叔李阳冰，最终病死在那里。杜甫是有家不能归，而李白则是无家可归。

运动健将

得知有人要把杜甫的人生故事拍成电视剧的消息，我心里马上担忧起来：电视剧里的诗圣杜甫，千万不要是一个行为迂腐可笑、行动迟钝呆板的"东亚病夫"形象！

我的担忧有三个缘由：一是，影视荧屏上，我国古代文人通常都是被拍成这样一副呆鸟形象的。千人一面，司空见惯。二是，杜甫作为一位集大成诗人，他"读书破万卷"，很容易被人定格为书呆子形象。三是，杜甫许多首（篇）诗文作品中都提到过自己身体的疾病。计有糖尿病、风痹、肺病、脚疾、疟疾等。例如，"转衰病相婴"，"我多长卿病"（《同元使君春陵行》）；"峡中一卧病，疟疠终冬春。春复加肺气，此病盖有因"（《寄薛三郎中》）；"万里悲秋常作客，百年多病独登台"（《登高》）；"名岂文章著，官因老病休"（《旅夜书怀》）；"落日心犹壮，秋风病欲苏"（《江汉》）；"衰年肺病唯高枕，绝塞愁时早闭门"（《返照》）；等等。

杜甫喜欢读书，并且读了很多书，这是事实。从杜甫诗歌作品中大量化用前代文献典故、语言，便可以得到充分的证明。杜甫喜欢在诗文中说自己身体有病，他晚年有多种疾病缠身，这些也都是事实。

但是，杜甫并非自小就是个不爱运动的羸弱之人。恰恰相反，杜甫是一个自小爱运动并且有运动特长的人。这里摘引三首杜甫诗中的部分诗句为证：

忆年十五心尚孩，健如黄犊走复来。

庭前八月梨枣熟，一日上树能千回。

摘自《百忧集行》

放荡齐赵间，裘马颇清狂。

春歌丛台上，冬猎青丘旁。

呼鹰皂枥林，逐兽云雪冈。

射飞曾纵鞚，引臂落鹙鸧。

苏侯据鞍喜，忽如携葛强。

快意八九年，西归到咸阳。

摘自《壮游》

甫也诸侯老宾客，罢酒酣歌拓金戟。

骑马忽忆少年时，散蹄迸落瞿唐石。

白帝城门水云外，低身直下八千尺。

粉堞电转紫游缰，东得平冈出天壁。

江村野堂争入眼，垂鞭軃鞚凌紫陌。

向来皓首惊万人，自倚红颜能骑射。

安知决臆追风足，朱汗骖騑犹喷玉。

不虞一蹶终损伤，人生快意多所辱。

摘自《醉为马坠，诸公携酒相看》

　　上引《百忧集行》中的四句诗，说明杜甫直到十五岁还童心未泯，身体矫健，善于爬树。"一日上树能千回"，足见身手不是一般的敏捷。所引《壮游》诗句，说的是他青年时代跟苏源明等友人在齐赵一带过骑马打猎、射箭唱歌生活的情形。杜甫把苏源明和自己分别比作晋人山简及其爱将葛强。显然，杜甫的骑射技术非常了得。这样的生活，杜甫自称过了八九年（实际上是五六年）。所引最后一首，讲述的是杜甫晚年一回酒后逞能，竟然在白帝城外瞿塘峡江边的陡坡上骑马驰骋起来。恍惚间，往事历历，以为回到了年轻时代。结果，从马上摔了下去，在家卧床，出门倚杖，郁闷了好一阵子！

一生四次死里逃生

　　杜甫一生追求仕进、实现政治理想的道路荆棘丛生，充满坎坷。三十五岁以后，在长安多年处于求官不得的待业状态，得官之后不久即国破城陷；历尽艰险，再次得官，又因进谏遭贬斥；遭贬期间，又逢关中京畿地区闹饥荒，粮价飞涨。华州（今陕西渭南市华州区）司功参军任上弃官之后，挈妇将雏踏上漂泊的道路，先后在秦州（今甘肃天水市）、同谷（今甘肃成县）、成都阆中（今属四川南充市）、夔州（今重庆奉节）瀼溪东屯等地落脚。其间虽然也有成都、夔州两段相对安定的生活，但总的来说，是充满艰辛的。

　　与艰辛相伴的是，险象环生。杜甫的后半生，至少有过如下四次差点丧命的经历：

　　第一次是逃出围城。天宝十四载（755）十一月，安禄山在范阳（今北京与河北保定之间）起兵反唐，十二月攻下东都洛阳。次年六月攻破潼关，进逼长安，唐玄宗仓皇西逃。天宝十四载十月才得了个右卫率府胄曹参军这个从八品下小职位的杜甫，先是避难奉先（今陕西蒲城），继而携家往白水（在今陕西东北部）投奔在那里做县尉的崔氏舅舅；接着，又由白水取道华原（今陕西耀县）前往鄜州（今陕西北部富县）。走到三川县时，听到肃宗李亨在灵武（在今宁夏回族自治区）继位的消息，立即让妻子儿女寄居在三川朋友（可能是孙宰）那里，自己经芦子关赶往灵武。不料，中途被安禄山军队捉住，押至长安。被困长安近十个月后，翌年四月，自金光门偷出长安，走偏僻小道，终于抵达肃宗行在（朝廷临时驻地）凤翔（今陕西西部宝鸡、凤翔一带）。

从安禄山叛军占领的长安通往唐肃宗行在凤翔这一路，绝非平安大道，而是危机四伏，随时有丧命的危险。其间情形，杜甫事后所作的几首诗歌有所叙述。《喜达行在所三首》其一有"雾树行相引，连山望忽开。所亲惊老瘦，辛苦贼中来"等句；其二有"生还今日事，间道暂时人"之句；其三有"死去凭谁报，归来始自怜"之句。《述怀》有"今夏草木长，脱身得西走。麻鞋见天子，衣袖露两肘。朝廷愍生还，亲故伤老丑"等句。显然，这是一条需要翻山越岭、充满危险的道路。这一路的辛苦、危险，凸显的是杜甫忠君之心。自然，李唐王朝对杜甫也有所表示，封了他一个左拾遗。品级虽然不高，只是个从八品的芝麻官，但是属于近侍之臣，拾遗补缺，有机会直接影响皇帝在军国重要事务上的决策。

第二次是疏救房琯。左拾遗没做几天，就发生了一件倒霉事情：宰相房琯因为门客琴师董庭兰收受贿赂替人买官，也因为兵败陈涛斜（杜甫《悲陈陶》诗"四万义军同日死"说的就是房琯担任总指挥的这一次战役）——史书上说肃宗并没有因为这次兵败怪罪房琯，恐怕只是非常时期的表面文章，肃宗内心其实是恨之切齿的——被罢相罪。刚上任的左拾遗杜甫挺身而出，上书为自己的布衣之交房琯说情，罪细不宜罢免大臣云云。结果，惹怒唐肃宗，诏令三司推问（御史台、刑部、大理寺三大部门会审）。看架势，问他一个死罪也不是没有可能。所幸，宰相张镐、吏部尚书韦陟等有意保护杜甫，称其议论房琯之事，虽然言辞过激，但未失谏臣之体，不宜深究。最后，仍保留了杜甫的官职。当然，从此以后，肃宗也不再愿意听杜甫的意见了，"帝自是不甚省录"。这里，得说几句关于宰相张镐的话：跟替杜甫开脱同一年，张镐因为河南节度使闾丘晓接到驰援睢阳的命令之后按兵不动，致使睢阳陷落，官军覆没，下令杖杀闾丘晓。闾丘晓临死，以家有老亲需要奉养请求饶其一命，张镐答以"王昌龄之亲，欲与谁养"，不准所求。两年前，闾丘晓以著名诗人王昌龄告假回家没能及时赶回，下令将其杀死。单以这两件事论，张镐堪称诗人保护神，值得我们尊敬。

这次因为进谏差一点儿伤及性命，可以看出杜甫为人的两个特点：一是为了王朝大业，敢于犯颜谏诤，不是胆小怕事之辈；二是朋友有难，挺身相救，是个义气之人。

第三次是冲撞严武。杜甫跟严武是世交，交情深厚，杜甫在成都时期，曾得到严武的照拂与举荐（杜甫的"检校工部员外郎"这一虚职就是严武为其争取来的），这都是事实，毋庸置疑。但是，唐宋文献中也有关于因为一次酒后的言语冲撞，严武差点杀害杜甫的记载。唐代范摅《云溪友议》卷上"严黄门"条云："杜甫拾遗乘醉而言曰：'不谓严挺之有此儿也。'武恚目久之，曰：'杜审言孙子，拟捋虎须？'合座皆笑，以弥缝之。武曰：'与公等饮酒谋欢，何至于祖考矣！'……武母恐害贤良，遂以小舟送甫下峡。"宋祁《新唐书·杜甫传》："……（甫）性褊躁傲诞，尝醉登武床，瞪视曰：'严挺之乃有此儿！'武亦暴猛，外若不为忤，中衔之。一日欲杀甫及梓州刺史章彝，集吏于门，武将出，冠钩于帘三。左右白其母奔救，得止，独杀彝。"当然，也有一些文献记载中并无严武欲杀杜甫的文字，甚至有说严武对杜甫的酒后失言不以为忤的。例如，唐代李肇《唐国史补》卷上："严武少以强俊知名，蜀中坐衙，杜甫祖跣登其机案。武爱其才，终不害。"五代王定保《唐摭言》卷十二"酒失"："杜工部在蜀，醉后登严武之床，厉声问武曰：'公是严挺之子否？'武色变。甫复曰：'仆乃杜审言儿。'于是少解。"刘昫《旧唐书·杜甫传》："甫性褊躁，无器度，恃恩放恣，尝凭醉登武之床，瞪视武曰：'严挺之乃有此儿！'武虽急暴，不以为忤。"多年前我曾写过一篇学术论文，根据杜甫和严武的身份、性格、关系以及杜甫若干诗歌作品的解读，认为酒后瞋眦，导致严武差点儿杀害杜甫，是有可能的。两位学界前辈撰文对我的论文进行批评，我认为他们所言多有不合逻辑处，于是写了篇答辩文章。出乎意料，我的这篇答辩文章发表后，被作为优秀论文，入选当年的古代文学研究年鉴。

这一次酒后危机，可以说明杜甫不是棉花糖，不是好好先生，他是个有性格、有脾气的诗人。

第四次是坠马瞿塘。居住成都期间，杜甫写过《戏赠友二首》，专门记述两位朋友（一位是姓焦的校书，一位是姓王的司直）骑马摔伤的情形：一个摔得"唇裂版齿无"，一个被摔得"骨折面如墨"，都挺惨。在夔州居住期间，一次酒后骑马，已经五十多岁的杜甫，恍惚间回忆起青年时期在齐赵一带骑马驰骋的情形，快马加鞭，冲下白帝城一处山坡，"低身直下八千尺"。结果，"不虞一蹶终损伤"，马失前蹄，杜甫重重摔落马下。不过，杜甫对于受伤并不很在意。朋友们带着美酒去慰问他，一顿狂吃豪饮之后，杜甫笑着对他们说："何必走马来为问，君不见嵇康养生遭杀戮！"

这一次骑马飞奔下坡，显出杜甫童心未泯、乐观旷达的一面。

常言道：生死考验。杜甫后半生这四次死里逃生故事，大概有助于我们更加深入、真切地了解杜甫其人其诗其内心世界吧。又曰：艰难困苦，玉汝于成。这些故事大概也有助于我们思考这样一个问题：诗圣是怎样炼成的？

当成都遇到杜甫

诗圣杜甫，他不太长的一生（杜甫享年五十九岁，虚岁），跟不少地方发生过关系：出生地河南巩县（今巩义市），童年基本上在那里度过；少年青年时期寄居洛阳姑妈家，以青年才俊身份成为上流社会沙龙宴集的常客；青年时期先后漫游吴越、齐赵、梁宋，其中在吴越、齐赵逗留的时间，都长达四五年以上；中年到长安，求官、陷贼、为官，前后十四五年；因为替房琯说情被贬官华州司功参军，在华州一年；弃官之后，到过秦州、同谷；漂泊西南期间，定居成都，在浣花溪畔筑草堂，其间到过梓州（今四川三台县）、阆州等地，前后近五年；离开成都之后，曾在夔州居住年余；出川之后，徘徊于潭州（今湖南长沙）、衡州（今湖南衡阳）之间；最后，死于潭州开往岳阳的船上，权葬耒阳。

在这诸多跟杜甫有关的地方中，成为当今研究杜甫重镇的是四川成都，因为修建纪念杜甫庭院获得经济利益最多的也是四川成都。相比之下，其他地方，都相形见绌，研究没有很好地开展起来，经营也往往很惨淡。

这是一个值得深思的问题。

我认为，成都之所以成为研究杜甫的重镇，杜甫草堂之所以能够成为著名景点，至少有如下几个原因：

首先，成都有着得天独厚的地理、气候、环境条件。自古有"扬一益二"的说法，古代益州——成都一直是繁华的大都市。公元759年岁末，杜甫抵达成都时，曾有如下诗句描写它："曾（层）城填华屋，季冬树木苍。喧然名都会，吹箫间笙簧。"（《成都府》）杜甫草堂，依托成都这个大都市，设立研究机构，吸引游人，都十分便利。

其次，成都人民一直对杜甫怀有深厚的感情。自从晚唐诗人、西蜀权贵韦庄在杜甫草堂原址重修庭院之后，历代官员为了迎合成都人民对杜甫的崇敬、怀念之情，修葺不辍。尤其是当代地方政府，成立专门的杜甫研究学术机构——杜甫研究学会，出版研究杜甫的专业学术杂志——《杜甫研究学刊》，认真保护故居的同时，并入寺庙，搜集文物，大搞园林建设，建立纪念馆，扩修周边公园，使得杜甫诗歌和杜甫精神于此大放异彩。

最后，成都是一个充满诗情画意的地方。当年，成都给了杜甫一家一段较为安定舒适的生活，因此，杜甫在此写作了不少富有诗情画意、温暖千百年读者心灵的诗歌作品；居住在这一块水土柔和、环境优美、物产丰富、谋生较为容易、文化教育比较发达的土地上的人们，对诗歌有着与生俱来的热爱和理解。

　　杜甫遇到成都，是杜甫的幸运，也是成都的幸运。

当诗圣遇到将军

俗话说:"秀才遇到兵,有理讲不清。"秀才喜欢讲古代圣贤发明的道理,军人动辄用刀枪剑戟说话,处事方法截然不同,鸡同鸭讲,交流会有很大困难。那么,当秀才中的佼佼者诗圣杜甫遇到手握人权的将军,会出现什么样的情况呢?

杜甫一生交游广泛,一班诗文朋友之外,也有不少朝廷官员,其中光是将军,先后就有:高仙芝、某武卫将军、李嗣业、何姓将军、魏姓将军、哥舒翰、严武、花敬定、曹霸、王思礼、李光弼等。就是说,诗圣杜甫有过不少遇到将军的经历。因为时当乱世,杜甫对于将军多寄予厚望,怀有特殊的感情。晚年在夔州期间,因为"伤时盗贼未息",作《八哀诗》,深情悼念八位贤臣旧友,其中将军就有王思礼、李光弼、严武三位。总体而言,杜甫跟这些将军的关系是比较融洽的,杜甫在诗歌中曾不惜笔墨,对多位将军加以真挚的颂扬。

何姓将军和曹霸两位比较特殊,虽然都是将军,但是杜甫跟他们交往的时候，他们的身份都已经改变了。何姓将军已经退休，在有大花园的家中过着悠闲的日子。初次陪好友郑虔游览了这位将军风景优美的大花园之后，杜甫在一首诗中说："将军不好武，稚子总能文。"后来重游何家花园，又有"雨抛金锁甲，苔卧绿沉枪"之句。可见，这位将军解甲回家以后成了文艺爱好者，喜欢跟诗人文友来往。曹霸由于得罪玄宗，被削籍为庶人，从耍枪使棒的行家转身成了画马的高手，变成了画家。

关于某武卫将军和某魏姓将军，杜甫留下的是关于他们的挽词，对他们的英勇事迹进行了讴歌，对他们的逝去表示了惋惜。

高仙芝是玄宗时期能征惯战的马上将军，杜甫有机会见过他的战马，写了一首《高都护骢马行》。"五花散作云满身，万里方看汗流血"，可见是汗血宝马。这匹宝马飞奔如电，一般人根本不敢骑乘，"长安壮儿不敢骑，走过掣电倾城知"。此马还曾立下过赫赫战功，"此马临阵久无敌，与人一心成大功"。杜甫另有一首写马的诗，更加有名——《房兵曹胡马》。"竹批双耳峻，风入四蹄轻。所向无空阔，真堪托死生"，是脍炙人口的名句。不过，马的主人并非将军，只是某州县的兵曹参军。

哥舒翰、王思礼、李光弼，可能是地位、年龄、性格等方面差距较大的缘故，杜甫对他们的态度，敬重多过亲切。杜甫关于他们的诗，庄严有余，情趣不足。

严武跟杜甫是世交，小杜甫好几岁，但严武官比杜甫做得大，他们的关系亦亲亦友亦僚属，比较复杂。好的时候，好得不得了，差的时候，严武差一点儿就杀了杜甫。杜甫有关严武的诗，数量比较多，情感、情绪比较复杂，需要细细品味。

杜甫跟将军有关、最具"有理说不清"滋味的诗歌，是跟李嗣业、花敬定有关的两首诗《陪李金吾花下饮》和《赠花卿》。诗如下：

> 胜地初相引，余行得自娱。
>
> 见轻吹鸟鸢，随意数花须。
>
> 细草称偏坐，香醪懒再酤。
>
> 醉归应犯夜，可怕李金吾。
>
> ——《陪李金吾花下饮》

> 锦城丝管日纷纷，半入江风半入云。
>
> 此曲只应天上有，人间能得几回闻？
>
> ——《赠花卿》

李嗣业和花敬定都是中唐时期著名的猛将。李嗣业膂力过人，善用陌刀，史书中有"当嗣业刀者，人马俱碎"的记载，参与讨平石国之战时，被敌军誉为"神通大将"。花敬定，是成都尹崔光远的部将，杜甫《戏作花卿歌》有"成都猛将有花卿，学语小儿知姓名""子章髑髅血模糊，手提掷还崔大夫"

等句，可见这位花将军是个相貌狰狞、作战神勇的猛将。

诗圣杜甫碰到这样两位猛将军，言语交流显然是有一定困难的。但是，杜甫跟他们的交情似乎又颇不一般，没有办法敬而远之。因此，杜甫采取了写诗委婉讽喻的办法，将自己的真实想法告知他们。

对李嗣业，杜甫委婉地告诉他："你不是一个好的东道主，我这次的酒没有喝痛快。"请看：根据诗的内容，杜甫是客人，李嗣业是主人，但题目《陪李金吾花下饮》，却说明杜甫并没有得到客人应有的待遇，反而成了陪同角色；"胜地初相引"，言外之意是，有这样风景佳胜之地，你竟然第一次带我来，不够意思；"余行得自娱"，因为李嗣业这个主人疏于照顾，杜甫只得独自行走，自娱自乐；"见轻吹鸟毳，随意数花须"，乍一看是写景佳句，写出了微观世界的情趣，但仔细品味，分明能感觉到诗人百无聊赖的意绪；"细草称偏坐"，字面意思，细软的草地坐起来挺舒服，实际上，折射出宴席之简陋；"香醪懒再酤"，酒是好酒，但是，无法多饮，原因可能有两个，一个是主人劝酒不够殷勤，一个是客人兴致不高；"醉归应犯夜，可怕李金吾"，李嗣业当时官居金吾将军，负责京城昼夜的警卫工作，醉酒夜归是违法行为，李嗣业肯定不会客气。显然，这位金吾将军不是合格的主人，不是理想的酒伴。当然，杜甫写这首诗，并非要跟李嗣业绝交，只是微讽他一下而已。

《赠花卿》一诗，历来有两种截然不同的理解。一种是说讽刺花敬定在成都僭用天子之乐，另一种是说赞美成都歌曲之盛之美好。孰是孰非呢？我个人倾向于前者。如果杜甫只是一般性地赞美成都歌曲之妙，何必题曰《赠花卿》呢？跟猛将军谈音乐，不会有对牛弹琴之嫌吗？反对讽刺说的学者，提出的论据主要有如下两条：一、史书中只说花敬定曾大掠东蜀，没说他有僭越行为；二、唐朝有宫廷乐师流落民间时演唱宫廷歌曲的现象，如杜甫《秋日夔府咏怀奉寄郑监李宾客一百韵》"南内开元曲，当时弟子传"，自注云"柏中丞宴，闻梨园弟子李仙奴歌"。刘禹锡《田顺郎歌》"清歌不是世间音，玉殿尝开称主心。唯有顺郎全学得，一声飞出九重深"。第一条证据逻辑有问题，花敬定并非一流的历史人物，史书关于他的记载并不详尽，没有记载的情况很多。再者，他僭用天子之乐，可能只有身边的熟人知道，并未成为众所周知之事。第二条证据也有漏洞。一是，花敬定所僭用的天子音乐，不一定就是个别流落民间的梨园子弟独唱宫廷歌曲那一种，而可能是更为宏大、庄严的乐队演奏的礼仪音乐；二是，宫廷乐师流落民间演唱宫廷歌曲，多是后来发生的事情，杜甫居成都时并不多见；三是，即使当时已有流落民间的宫廷乐师演唱宫廷歌曲的现象，但是关心花敬定的杜甫，仍然不妨劝他慎用。

杜甫的两首诗，写得都够委婉的，不知道两位猛将军读懂了诗歌、读懂了杜甫的心意没有。

请跟我到草堂看望杜甫

回首往事，我发现自己每一次到成都，都去了杜甫草堂，无一例外。

也许有人会说，你是研究杜甫的，当然会对杜甫格外有感情，看看杜甫草堂也可能对研究杜甫有所帮助。这话当然不能说是错了，但是，它只能算是部分正确。因为，我第一次、第二次去草堂的时候，还没有开始研究杜甫。我一直认为，到成都而不去草堂走一走，是难以想象的一件事情。我的朋友，现在杜甫草堂工作的王飞先生，有志于扩大草堂的影响，说要是能在大众中树立"没有到过杜甫草堂，等于没有到过成都"的观念就好了。在我这里，这个观念早在二十世纪八十年代中期第一次到成都时，就开始萌生出来了。

我前后到过成都五次。除了前两次，还有两次是参加杜甫学会的学术活动，两次都住在草堂附近的宾馆，主要活动场所都在草堂内。每次会议为期三四天，其间进出草堂如同自己家，次数之多，难以统计。会议间歇，都要在草堂内到处游逛。应该说，我对杜甫草堂是相当熟悉的了。但是，在那之后的一次，我游完青藏来到成都，虽然只在这个城市待两天时间，还是抽出半天逛杜甫草堂。对那时的我来说，杜甫草堂博物馆并没有增添什么新景点，没有展出什么新挖掘的出土文物，没有什么新鲜的东西。之所以一定要到那里转一转，主要是想重温一下那熟悉的厅堂草木，感受一下那氤氲翠绿的气息。我个人，则可以借机任由思绪飘飞过时光的隧道，去看望一下我所喜爱的落魄诗人——杜甫。

接下来，请静下心来，暂时撇开一切关乎名利的杂念，跟我一道去看望一下这位值得我们所有人尊敬的唐代诗人吧。

杜甫一家是唐乾元二年（759）年底来到成都的。挈妇将雏，翻越崇山峻岭后来到成都，这个蜀汉故都、玄宗李隆基不久前的避难之地，让杜甫的眼前为之一亮：

> 曾城填华屋，季冬树木苍。
>
> 喧然名都会，吹箫间笙簧。
>
> 摘自（《成都府》）

杜甫虽然仕途坎坷，人生境遇一直不得意，但毕竟也是见识过世面的人：开元天宝盛世年代，长大于东都洛阳，游历过吴越，曾经频繁出入于长安达官贵人的府第花园。成都再繁华，大约也无法跟"安史之乱"爆发前的长安相比吧。但是，

"安史之乱"以后，一切都不一样了。"国破山河在，城春草木深"（《春望》），长安已经是遍地瓦砾、满目疮痍了；华州弃官之后，秦州、同谷一带的漂泊，杜甫一家老小时时陷入饥寒交迫之中，对于繁华都市的记忆已经很模糊了。这个时候，成都突现眼前，他的欣喜之情不难想象。杜甫本人虽然也在心头掠过不安和对战火中的中原、家乡的惦念，但是，由于一批亲友的帮助，一家人的生活马上有了着落。杜甫的亲友在当地都是手掌中有权、褡裢里有钱的头面人物，因此，他很快就有了不小的一片土地，有了修建住宅的资金，日常生活费用有做官的老朋友提供，热情的邻居也给他们送来了蔬菜。暂时寄居在浣花溪畔的诗人，年近五十、身体衰病、久经流离的诗人，一下子感到了满足，决定安心在这里长住下去。

接下来的事情就是营造他自称"草堂"的住宅。不过，"草堂"本身的营造情形，现存的杜甫诗歌里并没有提到。杜甫自己饶有兴致地做了记录的是植树造林，他种树，种竹，其中有果树。到处跟一班县级地方官员索要秧苗种子，忙得不亦乐乎。请看他的树种来历：

桃树秧苗 100 棵（《萧八明府实处觅桃栽》）

绵竹（《从韦二明府续处觅绵竹》）

桤木（《凭何十一少府邕觅桤木栽》）

松树（《凭韦少府班觅松树子栽》）

果木——可能是有多种果树，"不问绿李与黄梅"。
（《诣徐卿觅果栽》）

在此之前，除了回忆童年时代有喜爱爬树的淘气表现，
"庭前八月梨枣熟，一日上树能千回"（《百忧集行》），我们
没有看到杜甫对于栽种植物的兴趣。而这个时候，杜甫简直像
一个园艺家一样从事起栽种工作。十年树木，这说明杜甫这时
是准备在这里一直住到老的。

经过一段时间的经营，草堂营造好了，周边的植树造林
也初见成效了，杜甫一家的生活步入正轨。

我选择的看望杜甫的时间是唐肃宗上元二年（761），初
夏某日。

请允许我先介绍一下杜甫的草堂及其地理环境。

杜甫当年的草堂，不仅内部不能跟现在的"杜甫草堂博
物馆"相比，周边环境也跟今天的情况完全不一样。据文献记
载，晚唐著名诗人、晚年任前蜀国宰相的韦庄，为了表示对前
辈诗人的崇敬，最先在杜甫草堂原址上重结茅屋，使杜甫草堂
故址的概念得以确立，不至于轻易被人占用。宋代又重建茅
屋，并在室内壁间绘杜甫像，开始具有祠宇性质。经过历代尤
其是明清时期的重修，规模不断扩大，建筑也不断增加。今天
的杜甫草堂，包括祠堂、展览馆、园林、寺庙等部分，占地
二百四十余亩。论占地规模，论园林清幽，论建筑豪华，都超
过了国内许多大地主庄园。我参观过的刘文彩地主庄园，就无

法跟杜甫草堂相提并论。难怪有些人在游览杜甫草堂之后，开玩笑说：这哪里是草堂啊？简直是皇家花园！王飞先生有一次开玩笑说，他自己就是得到杜甫"广厦"庇护的寒士之一。成都市园林局等有关部门在杜甫草堂的东、南、西三面修建了浣花公园，掘湖堆山，植树造林，在正对着杜甫草堂南门的地方修建了"中国诗歌大道"，刻历代著名诗人诗句于大理石路面，旁边树立诗人雕像。浣花溪公园已经成为一处风景优美的诗歌文化主题公园。今天，杜甫草堂、浣花公园周边地区，已经成了成都市地产的黄金地段，有些被开发成了别墅式住宅区，只有财富新贵才买得起那里的房子。就是说，杜甫草堂今天已经被成都的富人们包围了。

当年的杜甫草堂，位于成都府城的西门外，属于郊区地带，可以算是农村。东边是浣花溪，有万里桥，南边有百花潭。李白二十来岁到过的散花楼，司马相如故里琴台，都离得不远，即使步行，也片刻可至。今天杜甫草堂大门口的一副楹联非常直接地表明了当年杜甫草堂的地理位置：

　　万里桥西宅，百花潭北庄

这副对联，出自杜甫诗《怀锦水居止二首》之二，作于他离开成都不久。描写草堂地理形势，杜甫另有类似诗句道："万里桥西一草堂，百花潭水即沧浪。(《狂夫》)"

结合杜甫的其他一些诗句来看，我们知道，当时杜甫草堂附近住着八九户人家。邻居中颇有几个不俗的人物。北边住着一位退休的县令，"爱酒晋山简，能诗何水曹"（《北邻》）。能饮酒，会做诗，是晋代名士山简、诗人何逊一流的人物。南边住着一位隐士，此人富有童心，很受杜甫的孩子们欢迎；一旦有了粮食，就在自家院子里喂鸟雀，鸟雀因此都听他的话；喜欢到小溪流里划船。这两位都跟杜甫有频繁的来往，其中后者有时候天晚了才回家，以至于"相送柴门月色新"（《南邻》）。他们来往的一个重要内容，就是聚在一起喝酒。

稍微远些，还住着一位有趣的女性——黄四娘。就是杜甫《江畔独步寻花七绝句》其六中所说的"黄四娘家花满蹊，千朵万朵压枝低。留连戏蝶时时舞，自在娇莺恰恰啼"中的黄四娘。这位黄四娘曾引起后代一些文人的愤愤不平，说黄四娘是什么东西，竟然凭借着老杜的诗歌得以流芳百世、永垂不朽。还作了种种猜测，有人说她是富贵人家的妇女，有人说是普通农家妇女，有人说是妓女。而根据我的研究，应该是曾经沦落风尘的尼姑。撇开身世出处不说，这位妇女至少有一个可取之处：庭院花草侍弄得很不错。她竟然能够吸引诗人杜甫前去赏花，合理想象一下，这黄四娘总须有些过人之处吧，不是姿色，便是文才。我们知道，杜甫走后三四十年，万里桥边又住了一位著名的色艺双全的女子——薛涛。或许，这一片土地对才貌双全的女子有着特殊的吸引力。

自然，除了有文化的邻居之外，杜甫也跟一些农夫有来往。特别是寒食节的时候，农夫们很乐意邀请杜甫去他们家喝酒。说到这个，我要把后来发生的一次饮酒情节提前来说。杜甫的老朋友严武到成都做长官之后，一位老农于寒食节的社日邀请杜甫去他家品尝新酿的春酒。喝得高兴，他就要求杜甫当天不要回家了，住在他家。还吆喝他妻子打开大酒瓶，大声吩咐家人拿果子、栗子来。杜甫几次起身，都被他粗鲁地扯住胳膊肘。月亮都升上天了，他还在那里挽留杜甫，装着生气的样子，责备杜甫不该问喝了多少酒，说自己家里有的是酒（《遭田父泥饮，美严中丞》）。这农夫经过杜甫诗歌的描绘，就成了一个不朽的文学形象，相当可爱。

说话间，我们就来到了杜甫的家门口——柴门。

假如我们到达杜甫家的时候是晌午时分，杜甫在做什么呢？他可能在园子里种菜，同时照料他的药草；可能在水槛那里坐着钓鱼，边琢磨着诗律；可能在树林里散步，察看他新种的四棵小松树；可能在砍伐竹子，嘴里默诵着“新松恨不高千尺，恶竹应须斩万竿”的诗句；可能正面对被风刮倒的有二百多年历史的楠木，吟出“我有新诗何处吟，草堂自此无颜色”这样令人伤感的句子；可能正跟妻子杨氏在由她手画的棋局上下棋，应该是围棋——儿年前草堂里边发掘了一个唐代遗址，就发现了一枚围棋子——旁边，他们的孩子正在将妈妈的缝衣针在火上烤过，敲弯了准备做钓鱼钩；也可能这一天天气比较热，杜甫正跟他妻子在划船，他们的孩子在附近水里游泳戏水；不巧的话，杜甫家因为好久没有得到好朋友高适等人的接济，揭不开锅了，尚不懂事的小儿子因为肚子饿，正在东门口大哭，喊着要吃饭。我们假设，这一天还是比较巧的，没有赶上杜甫的倒霉时刻，他们一家的心情都不错。

我们当然是杜甫的爱慕者，是他的粉丝，能够背诵他的不少诗句；我们还带了几瓶好酒去。这两点使我们的造访受到了杜甫的欢迎。他吩咐家人多做一些饭菜，招待我们共进午餐。

饭前，我们征得主人同意，参观了一下他们的住房。杜甫的家当然不是今天房地产商所说的高级住宅，就是茅草为顶、泥土为墙的几间平房。不过里外收拾得都相当敞亮，一尘不染。客厅正中挂着杜甫朋友王宰的山水画。请这王宰画画，据说还颇不容易，这家伙架子摆得不小，"十日画一水，五日画一石"，慢慢悠悠，一副能者不慌的样子，好不容易才画完这画（《戏题王宰画山水图歌》）。按照惯例，山水画的两边应该有对联。对联或许是杜甫自己的诗句，当然不是"锦江春色来天地，玉垒浮云变古今"（《登楼》），那是三年以后才写的。对联的书写者是谁呢？假设是杜甫的外甥李潮，虽然在当时赏识这李潮的人不多，但杜甫很欣赏他的八分书。杜甫喜欢笔画偏瘦的字，说"书贵瘦硬方通神"。李潮的字就是又瘦又硬的（《李潮八分小篆歌》）。可以肯定的是，客厅东边的白墙上画着一幅画，是两匹马，"一匹啮草一匹嘶"。不用看落款也知道，画出自当时著名的画家韦偃之手。据杜甫介绍，当时韦偃信手拈过一枝秃笔，就画了这幅画（《题壁上韦偃画马歌》）。杜甫的书房里自然也有一些书画，因为杜甫是很喜欢这两门艺术的。具体是谁的作品，他本人没有说，我们也不好随便猜测。

　　开饭了。饭当然是家常便饭，但是杨氏夫人毕竟是大家闺秀出身，厨艺相当好，粗茶淡饭，也做得中看又好吃。杜甫还为菜少招待不周表示歉意，说："盘飧市远无兼味"（《客至》）。换成白话就是，住得偏僻，离市场远，买东西不方便，因而菜肴不免单调。而我们只好一再表示，饭菜已经很丰盛了。至少比他当年在华州任上，路过卫八处士家，卫八招待他的那顿夜饭，"夜雨剪春韭，新炊间黄粱"（《赠卫八处士》），要强得多了。也比他身陷安史乱军占领的长安时，一次病后在王倚家吃的饭菜——就是有长安冬菹、金城土酥的那一次（《病后过王倚饮，赠歌》）——要丰盛一些。即使是比起阌乡县县尉姜七先生招待的那顿生鱼片、白米饭，"无声细下飞碎雪，有骨已剁觜春葱。偏劝腹腴愧年少，软炊香饭缘老翁（《阌乡姜七少府设鲙，戏赠长歌》），大约也差不到哪里去。我们列举杜甫以往的几次美食故事，逗得诗人一阵大笑。

　　饭后，我们要求诗人带领我们看风景。大家都说杜甫善于讲故事，"三吏""三别"，讲得催人泪下，大家也都接着杜甫自评的话"沉郁顿挫"，说杜甫诗歌的风格是偏于悲苦的。但是我们不忍心再惹出诗人的不快，就要求他给我们描述细致的风景。我们知道，诗人在这一方面也相当厉害。果然，杜甫就一边领着我们在田垄上行走，一边出口成章，全是他近日所作的写景句子，有一些还是当时即兴咏出的：

圆荷浮小叶，细麦落轻花。（《为农》）

风含翠筱娟娟净，雨浥红蕖冉冉香。（《狂夫》）

榉柳枝枝弱，枇杷树树香。鸬鹚西日照，晒翅满鱼梁。
（《田舍》）

晓看红湿处，花重锦官城。（《春夜喜雨》）

细雨鱼儿出，微风燕子斜。（《水槛遣心二首》其一）

仰蜂粘落絮，行蚁上枯梨。（《独酌》）

芹泥随燕觜，花蕊上蜂须。（《徐步》）

一下子领略到这么多细致入微的写景诗句，我们简直有
些不相信自己的耳朵。五十多岁的诗人，身患肺气肿、糖尿病
等多种疾病，走路也不太稳健了，眼神却仍然这么好。诗人的
一双眼睛，简直是显微镜啊。杜甫当然不只是观察事物细致，
还很幽默。走到一处村口，他吟出了"地僻相识尽，鸡犬亦忘
归"（《寒食》）两句。真是写尽了乡村生活的温馨与亲切。

尽管对仕途已经不抱什么希望了，但是杜甫做诗的兴致
还是十分浓厚。对于诗歌艺术，他依然十分执着地追求着。
就像他自己说的，"为人性僻耽佳句，语不惊人死不休"，他
还在用心学习陶渊明、谢灵运，期望着自己的成就能跟他们
并肩（《江上值水如海势，聊短述》）。杜甫也有不少愁心事，
"宽心应是酒，遣兴莫过诗"（《可惜》）。可见，他是离不开
诗的。

交谈之中，我们更多地了解到诗人内心的苦恼。刚刚到

达成都的时候，一次参观诸葛亮祠，联系到他自己的一生，政治理想未能实现，他对诸葛亮不禁又是羡慕，又是同情，"三顾频烦天下计，两朝开济老臣心。出师未捷身先死，长使英雄泪满襟"（《蜀相》）。每当想起战乱，想起兄弟离散，想起自己年老体衰，他也常常黯然神伤：

> 京洛云山外，音书静不来。（《云山》）
> 干戈犹未定，弟妹各何之！……衰疾那能久，应无见汝期。（《遣兴》）
> 中原有兄弟，万里正含情。（《村夜》）
> 故林归未得，排闷强裁诗。（《江亭》）

不用说，杜甫也想起了他的好朋友李白。这个时候李白参与了永王李璘的军事行动，因为李璘的行动被定性为叛乱，李白也不能逃脱牢狱之灾，世人纷纷指责。只有杜甫力排众议，主张李白才华超群，理应宽待。"世人皆欲杀，吾意独怜才"（《不见》）。前一年秋天八月的大风，卷走了杜甫家茅屋顶上的茅草。结果，夜里茅屋四处漏雨，家人受冻。杜甫由此想到了普天下的寒士，希望眼前突然出现千万间广厦，"大庇天下寒士俱欢颜"。要真有那么一天，即使他自己受冻而死也无怨无悔（《茅屋为秋风所破歌》）！当他说到这里，我们不禁为之动容，肃然起敬。

天色将晚，再不走，太阳一下山，我们就无法穿过时光隧道回到二十一世纪。我们只好跟诗人告辞，祝福诗人身体健康，祝福诗人一家生活幸福。晚霞中，我们向着草堂，向着茅屋，向着柴门，向着诗人伫立的方向不住地挥动衣袖。

　　再见了，草堂！再见了，诗人！

诗圣故居应该是什么样的？

　　假如做一个测试，请既没有参观过河南巩义市杜甫故居也没有看过相关照片的朋友们，仅仅根据自己有关杜甫及其诗歌等的知识，描述一下自己想象中杜甫故居当年的样子，他们会勾勒出怎样的画面呢？

　　我估计，不少朋友会这样描述：两三间茅草屋，屋前有一口水井，有几棵果树，有一圈篱笆……有些朋友的描述会有所不同：是一个类似今天北方农村四合院的小院子，院子中有口水井，几棵果树……

　　我真的做过一点儿简单的调查。结果，不少人（其中一些是大学中文系的本科生和硕士研究生）就是那样描述的。

　　如果他们的描述代表了大多数中国人的想法，那么，这个问题实在是有些严重：本国最伟大诗人的诗歌，国人读得太少，对诗圣和他的生活环境所知太少！稍微追问一下根源，很可能跟我们的教育套路有关。

事实上，杜甫故居没那么穷寒，它比大多数人想象中的样子豪华气派得多！

我曾利用假期探亲的机会，去了趟河南巩义杜甫故里。坦白地说，初到之时，我也有点意外：窑洞有那么多眼（十几眼），而且中间有个拐角。据说，其中一面当年是临街的。青砖砌的窑洞外墙，磨砖对缝，那么高大，那么整齐，那么气派！

但是，静处一想，我觉得，后人重修的杜甫诞生窑和其他窑洞，跟当年真正的杜家建筑其实还是有差距的。真正的杜家建筑应该数量更多，外观形制更气派。

我这样说，理由如下：

首先，那是唐代，是精神物质两个方面都处于我国古代文明史鼎盛时期的朝代。那个时代的民居，绝不会有潦草粗鄙相，会尽可能地气派精细。这一点，那个时代遗留下来的文物例如敦煌莫高窟，便是例子。

其次，杜家居此是从容选择的结果。杜家原籍在陕西长安，巩义是杜甫曾祖父杜依艺选中并开始定居之地。杜依艺之所以选中此处作为家族居住地，直接原因为，他曾任巩县地方长官。除了"对自己工作过的地方产生了感情"，可以肯定，此处的环境、物产等也会是重要的考量因素。一个长安原籍有土地的退休官员，不可能将家草草安置在贫穷落后的异乡。

再次，杜甫出生于世代官宦家庭。杜甫的曾祖父杜依艺做过监察御史、巩县县令；祖父是则天朝的著名诗人杜审言，做过修文馆学士、膳部员外郎；父亲杜闲，做过朝议大夫、兖州司马、奉天县令。这样一个世代为官的家庭，四代经营的家族住宅（杜甫为了结婚，曾"筑土室"，即增修窑洞），其规模、形制，不难想见。高大巍峨不敢说，庭院深深应该是没有问题的。按照当地的民居传统，有一些砖墙瓦顶平房、院子，有十几眼的一排窑洞，乃是起码配置。

最后，杜甫的诗文里有所透露。杜甫诗文中有不少穷寒句子，例如"卖药都市，寄食友朋""朝扣富儿门，暮随肥马尘。残杯与冷炙，到处潜悲辛"。但那是特定时期的情形，且有夸张成分。真实情况是，杜甫到处有做官的亲族、挚友，他们可以予杜甫以经济上的援助。杜甫自己，除了巩义祖先遗留的住宅和土地外，长安也有财产。

贫乏时期的人，给鼎盛时期的历史名人修建故居，无论怎样努力重现当年情形，总会烙上时代的印记。粗糙简陋，在所难免。倘若指导思想里有仇富成分，那就更容易背离实际。除了巩义的杜甫故里，几十年前修建的名人故居，无一例外，包括成都的杜甫草堂（故居部分）。成都杜甫草堂总体的豪华宏敞，是因为园林、博物馆和寺庙合为一体了。巩义杜甫故里近年新扩部分占地广阔，建筑高大，这是改革开放后经济发展的产物，更是圈地卖门票的需要。

三首《望岳》透露杜甫心灵轨迹

　　杜甫一生，总共写过三首题为《望岳》的诗。这三首《望岳》诗，望的分别是东岳泰山、西岳华山和南岳衡山。写作时间大约分别为：开元二十四年（736）、乾元元年（758）和大历四年（769）。正好分处杜甫人生的青年（25岁）、中年（47岁）和暮年（58岁）三个时期，政治身份上，分处未入仕途、身在仕途、僻处江湖三个时期；情感心态上，则分处充满信心满怀梦想、政治理想出现迷惘、盼望早日结束漂泊回归故里三个时期。三首诗形象地展现了杜甫一生三个阶段的境遇与心情。

　　这三首诗基本上都是借景抒怀之作。按照时间顺序进行阅读，细加体会，可以发现，其中隐藏着杜甫一生的心灵轨迹。

　　杜甫当然不可能早在青年时代就规划好了，一生要写数首《望岳》诗。但是，既然他到过五岳中的三岳，并且先后以同样的题目各写了一首诗，就表明杜甫从写作第二首《望岳》

开始，是有意"凑"成诗歌体"望岳三部曲"的。换言之，三首《望岳》诗是一个有机的整体，应当有着某种一以贯之的主旨。

　　这个主旨究竟是什么呢?

　　先请看三首《望岳》诗:

> 岱宗夫如何，齐鲁青未了。
> 造化钟神秀，阴阳割昏晓。
> 荡胸生层云，决眦入归鸟。
> 会当凌绝顶，一览众山小。
>
> （东岳泰山）

> 西岳崚嶒竦处尊，诸峰罗立如儿孙。
> 安得仙人九节杖，拄到玉女洗头盆。
> 车箱入谷无归路，箭栝通天有一门。
> 稍待西风凉冷后，高寻白帝问真源。
>
> （西岳华山）

> 南岳配朱鸟，秩礼自百王。
> 欻吸领地灵，鸿洞半炎方。
> 邦家用祀典，在德非馨香。
> 巡狩何寂寥，有虞今则亡。
> 洎吾临世网，行迈越潇湘。

渴日绝壁出，漾舟清光旁。

祝融五峰尊，峰峰次低昂。

紫盖独不朝，争长嶪相望。

恭闻魏夫人，群仙夹翱翔。

有时五峰气，散风如飞霜。

牵迫限修途，未暇杖崇冈。

归来觊命驾，沐浴休玉堂。

三叹问府主，曷以赞我皇。

牲璧忍衰俗，神其思降祥。

（南岳衡山）

关于三首诗的写作时间，仇兆鳌《杜诗详注》的说法颇可采信。

望东岳泰山之作，仇氏用黄鹤注据杜甫《壮游》诗"忤下考功第""放荡齐赵间"推定此诗作于这一时期的说法，即开元二十四年以后几年之内。开元二十三年（735），杜甫第一次参加科举考试，当时的进士考试由考功员外郎担任主考官，后来因为主考官阶和声望均无法令举子悦服，次年起改为由礼部侍郎担任。杜甫参加了最后一次由考功员外郎主持的进士试，"忤"字既有文章不合时宜之意，亦有不服考官评判之慨。

望西岳华山之作，仇兆鳌称"此往华州中途所历者"。杜甫的布衣之交房琯，肃宗朝官至宰相，权重一时。但在潼关兵败之后，又有门客琴师董庭兰纳贿说情之事，令原本非常尊敬赏识房琯的肃宗李亨大为恼火，下令严加惩罚。时任左拾遗的杜甫挺身而出，疏救房琯。不料，此举触怒肃宗，诏三司推问。端赖宰相张镐等人出面相救，杜甫这才免去牢狱之灾，被贬出京城，担任华州司功参军，时在乾元元年（758）。杜甫有《至德二载甫自京金光门出，间道归凤翔；乾元初从左拾遗移华州掾，与亲故别，因出此门有悲往事》，记录了自己这一次离开京城长安时的情景与心情。杜甫离开京城前往华州上任，时在当年六月。参之望西岳诗中"稍待西风凉冷后"句，可知此诗作于正式上任之前。上任之后，杜甫有"堆案相仍"簿书催迫的怨言（见其《早秋苦热堆案相仍》诗），可见，其顶头上司并未善待杜甫，杜甫不可能有时间上任后游览华山。被贬出京城，杜甫口头上说"移官岂至尊""无才日衰老"，似乎在为肃宗李亨开脱，有自嘲之意，说得很忠厚。而实际上，从他把当初冒死逃出围城长安去凤翔投奔流亡中的李亨跟被李亨贬出京城两件事情联系在一起，写成《至德二载甫自京金光门出……》诗这一点看，便不难了解杜甫内心的失望与愤怒。可以肯定，他感到自己的政治理想已经幻灭大半。所以，加上后来被郭姓顶头上司以普通属吏相待，以及关中闹饥荒谷物踊贵等原因，他就弃官不做，准备到秦州隐居去了。

望南岳之作，仇氏言其为"大历四年春晚自潭至衡州作"。众所周知，杜甫自从华州弃官后，就没有再入仕途，变成了体制外的诗人。因为安史之乱，他携家带口，历秦州、成都、夔州，最后进入荆湘，一路漂泊，过着"丧家狗"一般看人脸色、寄人篱下的生活。但是，成都时期，好友严武替他向朝廷讨了个"检校工部员外郎"的六品虚衔，所以他在名义上依然算是李唐王朝的臣子。实际上，杜甫虽然身处江湖旷野，但是，浸入骨髓的儒家思想使他始终未能忘怀魏阙庙堂。直至生命的最后时刻，杜甫仍然心系社稷苍生，仍然关注前线战事，仍然忠诚于李唐王朝。总之，杜甫仍然有一颗火热跳动的心。

三首《望岳》诗，尽管技术上是后出转精，但流传最广的却是早年所写的第一首。文学史专家纷纷赞叹其"齐鲁青未了"笔力强大。例如，宋人范温称赞其"高妙而有力"，"言东岳之大""无过于此"（《潜溪诗眼》）；刘辰翁称赞曰"只五字，雄盖一世"（《集千家注杜诗》卷一）；清人施补华言："'齐鲁青未了'五字，囊括千里，可谓雄阔。"（《岘佣说诗》）仇兆鳌更是将其与谢灵运、李白咏泰山的名作进行比较，得出此诗"遒劲峭刻""可以俯视两家"的结论。仇氏还指出，虽然诗中平仄未能尽合五言格律，但气骨峥嵘，体势雄浑，"能直驾齐梁以上"。近现代的语文教科书编辑者，则前赴后继，把这首诗尤其是最后两句，当作励志的千古名句，让千千万万的青少年学子朗读、背诵。无论是写景雄阔有力，还是诗中有励志名句，整首诗的内容是积极向上的，的确很适合青少年阅读。

关于三首望岳诗的内容，明人黄生（1622—1697，原名

102

管，又名起溟，字扶孟，号白山，歙县潭渡人，明诸生）的说法较为通达，为人们所接受："衡、华、岱皆有《望岳》诗，岱以小天下立意，华以问真源立意，衡以修祀典立意，指趣各别。"仇兆鳌《杜诗详注》和杨伦《杜诗镜铨》都摘引了这个说法。青年杜甫虽然第一次进士考试失败了，但是，因为年轻，才二十多岁，挫折感并不明显，他依然无比自信，对实现远大政治理想满怀希望，充满信心。"会当凌绝顶，一览众山小"，是他这一时期内心世界的真实写照。杜甫写望西岳诗时，人在贬途，抚今追昔，感慨万千，显然已经萌生了退隐学道的念头。"诸峰罗立如儿孙""挂到玉女洗头盆"，语言白俗，是杜甫愤懑怨恨内心的一种折射。至于在衡山时，经过十余年的漂泊，杜甫已经五十八岁，政治理想幻灭导致的愤懑怨恨已消失殆尽；经过安史之乱，李唐王朝已经元气大伤，亟需拨乱反正，重新建立稳定的秩序。因此，在南岳衡山，杜甫最关心的事情，已经由自身的政治抱负、自身的命运，回归到早年的政治理想状态，是升华版的"致君尧舜上，再使风俗淳"。

我认为，按照今人给学术论文归纳关键词的惯例，杜甫的三首望岳诗也可以分别归纳出三个关键词：

东岳：儒，景，志；

西岳：道，难，惘；

南岳：圣，祀，德。

儒，指的是诗中包含的儒家思想，"会当凌绝顶，一览众山小"，化用孟子称孔子登东山而小鲁、登泰山而小天下之意。

103

景，指的是，诗中有着浓厚的对景物的兴趣，八句诗，前三联六句全力写景。"首联远望之色，次联近望之势，三联细望之景"，而且都是实景（仇兆鳌《杜诗详注》）。志，指末联的抒情，"会当凌绝顶，一览众山小"，意近"自谓颇挺出，立登要路津。致君尧舜上，再使风俗淳"（杜甫《奉赠韦左丞丈二十二韵》）。道，指诗中包含的出世之想，诗中"仙人""真源"等词语可证。难，指诗所含的"行路难"意思。李白诗中常有行路难的感叹，杜甫的人生之路不比李白顺利多少。但是，杜甫诗中没有李白那么多直截了当的此类感叹。而这首诗中的"车箱入谷无归路，箭栝通天有一门"两句，说的分明就是行路难，类似李白笔下的蜀道。惘，指杜甫心中的迷惘，末句"问真源"的"问"字泄露心中的秘密。望西岳之作中，将诸峰比作"儿孙"，也可看出中年杜甫的家口之累，非复少年时期的轻松洒脱了。圣，指诗中所含的对于上古圣帝尧舜的敬仰与怀想。祀，指的是诗中对于由来已久的祭祀神鬼典礼的批判，"邦家用祀典，在德非馨香""牲璧忍衰俗，神其思降祥"，都是这个意思。德，指杜甫教导当地地方长官即衡山太守（诗中的"府主"），拯救"邦家""衰俗"，要靠修德，不能指望鬼神。不去积极矫正衰俗，而指望祭祀神灵得到赐福，是错误的做法。黄生说望南岳之作"以修祀典立意"，实际上，杜甫是在批判修祀典。

关于《望岳》诗，《杜诗言志》的作者（佚名）有与众不同的理解，它把《望岳》解读为寄托之作，每一句都有隐含的意思:"齐鲁青未了"是"言其所学之正,源远而流长也","造化"句是"言其禀赋之独优","阴阳"句是"言其宰制之甚巨","荡胸"句是"言其量之无所不包","决眦"句是"言其明之无所不照",最后两句,是"谓将得君行道,高出于群伦之表,而向之蔽贤嫉能者,均无所施其伎俩也"。显然,《杜诗言志》将杜甫这一首《望岳》诗,完全当作杜甫的学问隐喻诗去解读了。在西岳华山那首诗下,这样说:"……望岱宗,专言体统之高大,以自喻其生平之学问。"乍看之下,有解读过度之嫌。但是,结合杜甫"自谓颇挺出,立登要路津。致君尧舜上,再使风俗淳"之类的自白,以及杜甫终身不渝的忠君爱国、忧国忧民之情,这样细致、另类的解读,于情于理,似亦可通。至少,它可以丰富杜诗的精神遗产。

根据杜甫作于蜀中时期的《又上后园山脚》诗中"昔我游山东,忆戏东岳阳。穷秋立日观,矫首望八荒"等句可知,杜甫是登上过泰山绝顶的。华山、衡山,杜甫虽然可能没有登上顶峰,但都已经身在山中了,并且已然登至一定的高度,并非置身山麓或山外。他都以"望"字命题作诗,并且都强调当时未曾登上顶峰——望东岳的"会当"句,望西岳的"稍待"句,望南岳的"未暇"句。这跟杜甫一生都没能实现政治理想的事实,倒是一致的。三作望岳诗,可以理解为,孟子所言"孔子登泰山而小天下"对杜甫有着深刻的影响;也可以理解为,杜甫终其一生都没有放弃他追慕契稷的仁者之心。孔子说:"仁者乐山。"少年时期的自信,中年时期的迷惘,晚年时期

105

的关心政教，杜甫这种心灵轨迹，就在三首《望岳》诗中得到了形象生动的展示。在这个轨迹上，一以贯之、始终不渝的，则是杜甫对于社稷苍生的恻隐、仁爱之心。

为什么没有出家？

　　早在青年时代，杜甫便立下了"致君尧舜上，再使风俗淳"的高远理想。由于出生在"奉儒守官"的家庭中，从小接受的是积极入世的儒家思想教育；由于聪明早慧，有诗才，少年时代即受到了若干前辈名流的赞赏；杜甫对于实现自己人生理想非常自信，认为自己很快便能位居要津，一展才华。

　　但是，事与愿违。杜甫一生追求政治理想的道路，荆棘丛生：两次科举考试相继以失败告终；三十五岁到长安希望通过"干谒"获取功名，谋得一官半职，但忙碌十年，最终也只得了个看管兵甲器仗、门禁锁钥的八品芝麻官；就是这样一个仅能解决酒钱的小官职，也很快就干不下去了，因为安史乱军占领了首都长安；经过两次努力，历尽艰险，终于逃出围城；破衣烂衫、千里投奔的忠诚打动了新皇帝，得了一个左拾遗的职位；官不大，但可以直接向皇帝进言，距离理想似乎近了一大步，但是不巧，因为替败军之帅说话，得罪了皇帝，被贬出京城，做一个地方小吏；至此，政治理想彻底幻灭，加上战乱、自然灾害，物价飞涨，微薄的俸禄不足以养家糊口，一年后，杜甫便弃官不做了；本以为找到了一个不错的隐居所在，去了之后却发现根本无法生存，全家老小差点饿死；挈妇将雏，翻山越岭到了成都，情况有所好转，却无法终老于彼；于是，乘船沿长江东下，在奉节过了两年较为从容的农村生活后，还得举家迁徙，向荆湘一带进发，继续漂泊。最后，一代诗圣，凄凉地病死于旅途，小船中！

　　这样充满烦恼、苦难的人生，如果是意志较为薄弱之人，很容易想到空门。"一生几许伤心事，不向空门何处销"（王维《叹白发》），杜甫的朋友中，就不乏其人。王维在经历几许伤心事后，逃向了佛门，过着半官半僧的日子；李白在被排挤出长安之后，也正式入了道籍，做起了羽化成仙的大梦。事实上，杜甫本人跟佛道两教也有相当的缘分。几种影响较大的编年杜甫诗集，例如仇兆鳌《杜诗详注》、杨伦《杜诗镜铨》等，开篇第一首都是游佛寺的诗——《游龙门奉先寺》。诗写得好，受到了文学史家的普遍称誉；最后两句，"欲觉闻晨钟，令人发深省"，王嗣奭赞其"具有解悟"。这说明，杜甫早年即对佛教有相当大的兴趣与了解。杜甫交往的朋友不乏佛道中人，著名的有早年在江宁（南京）相识的旻上人，中年在长安交往的赞上人。杜诗集中，也多有游览佛寺、谈论丹砂之作。流寓蜀中梓州期间，曾经连作《上牛头寺》《望牛头寺》《上兜率寺》《望兜率寺》等数首跟寺庙有关的诗。其中，《望兜率寺》

中的"不复知天大，空馀见佛尊"两句，曾被郭沫若先生揪住，据以认为，与其称杜甫为"诗圣"还不如称他为"诗佛"来得恰当。

尽管郭沫若先生在其著名的《李白与杜甫》一书中专辟"杜甫的宗教信仰"一节，费了不少篇幅，得出杜甫"相信道教，也相信佛教。比较起来，他信佛深于信道。他是禅宗的信徒……"的结论，但有一个事实无法否认：杜甫既没有将肉身投向空门，也并未在精神上皈依佛道。他始终不曾减少、放弃对家人的爱护，对朝廷政治的系念，对社稷苍生的萦怀。晚年在夔州期间所作的两首诗，充分表现了杜甫对家庭对妻子儿女的爱护。《别李秘书始兴寺所居》，后四句是"重闻西方止观经，老身古寺风泠泠。妻儿待我且归去，他日杖藜来细听"，老朋友对佛教经典很有研究，听他讲解固然过瘾。但是，不如妻子儿女的期盼重要；《谒真谛寺禅师》后四句是"问法看诗妄，观身向酒慵。未能割妻子，卜宅近前峰"。探讨佛教奥秘，可以让杜甫对自己一生钟爱的诗歌创作、嗜好的饮酒都失去兴趣。但是，无法让他割舍对妻子儿女的牵挂。杜甫对朝廷政治、对社稷苍生的系念萦怀，诗集中更是随处可见。仅举若干晚年进入湖南境内后所作诗歌为例："戎马关山北，凭轩涕泗流"（《登岳阳楼》），"老病南征日，君恩北望心"（《南征》），"石间采蕨女，鬻菜输官曹。丈夫死百役，暮返空村号。闻见事略同，刻剥及锥刀。贵人岂不仁，视汝如莠蒿。索钱多门户，丧乱纷嗷嗷。奈何黠吏徒，渔夺成逋逃。"（《遣遇》），

109

"毒瘴未足忧，兵戈满边徼"（《次空灵岸》），"扁舟空老去，无补圣明朝"（《野望》），"桂江流向北，满眼送波涛"（《千秋节有感二首》之二），"天子多恩泽，苍生转寂寥"（《奉赠卢五丈参谋琚》），"九州兵革浩茫茫，三叹聚散临重阳。当杯对客忍流涕，君不觉老夫神内伤"（《惜别行送刘仆射判官》），"附书与裴因示苏，此生已愧须人扶。致君尧舜付公等，早据要路思捐躯"（《暮秋枉裴道州手札，率尔遣兴，寄递，呈苏涣侍御》），"客从南溟来，遗我泉客珠。珠中有隐字，欲辨不成书。缄之箧笥久，以俟公家须。开视化为血，哀今征敛无"（《客从》），"云白山青万余里，愁看直北是长安"（《小寒食舟中作》），"战血流依旧，军声动至今"（《风疾舟中伏枕书怀三十六韵奉呈湖南亲友》）。

　　文学史家撰写论著，也许会从杜家世代相传的读书为官传统、杜甫从小接受的儒家思想教育、杜甫成家之后的家庭和睦夫妻恩爱等方面入手，论述杜甫为何不像王维、李白等朋友那样皈依宗教，洋洋洒洒，全面周详。而我这里，却只想说如下两句：杜甫之所以一再表示不能遁入空门，是因为他对这片土地以及这片土地上的苍生，爱得深沉，爱得执着！如果有人觉得我这种说法过于矫情，那就请认真、用心读两遍上面所引的那些诗句吧。

令人羡慕的青春之路

可能是某部热播电视剧的缘故，"重走青春路"的说法引起了很多年轻朋友的共鸣，他们纷纷表示要摆脱一切拘束，按照自己的想法去漫游，去闯荡，去活一回。我认为，这种愿望既源于对自由的向往，也源于对生命的珍惜。

按照自己的意愿走一回青春之路，生活在一千二百多年前的诗圣杜甫堪为榜样。青少年时代，读过万卷书之后，杜甫便开始了万里路的行程。十九岁那年踏上漫游之路，先是游览晋地，接着游览吴越，一游就是五六年。二十四岁那年，回到洛阳，参加进士考试。落第之后，漫游齐赵，又是五六年。三十岁那年回到少年时代生活过的地方洛阳，料理若干家族事务，结了婚，在那里住了三四年之后，第三次出远门，先游梁宋，再游齐鲁。直到三十五岁那年才彻底结束他的青春之旅，"西归到咸阳"，开始走上寻求功名事业之路，过起了养家糊口的日子。试问：古往今来，几人能有如此潇洒青春、快意人生？

111

杜甫前后长达十多年的青春之路，具体情形如何，流过多少乡愁的眼泪，发生过哪些好玩的事情，有过多少艳遇，详细情况我们已经无法了解。但是，通过杜甫若干诗歌作品的描写、回忆，我们仍然可以清楚地感觉到：那样的生活是非常令人羡慕的。

　　先看吴越之游。"东下姑苏台，已具浮海航。到今有遗恨，不得穷扶桑。王谢风流远，阖闾丘墓荒。剑池石壁仄，长洲芰荷香。嵯峨阊门北，清庙映回塘。每趋吴太伯，抚事泪浪浪。枕戈忆勾践，渡浙想秦皇。蒸鱼闻匕首，除道哂要章。越女天下白，鉴湖五月凉。剡溪蕴秀异，欲罢不能忘"（《壮游》）。这一趟历时四年多的漫游，从洛阳出发，先游春秋时期吴国故地，重点是吴国故都姑苏（今苏州），接着是越国故地，重点是越国故都会稽（今绍兴），南行终点是天台山，走的是唐朝诗人的黄金旅游线，李白先后两次走过这条线路。这一趟漫游，主要内容是怀古，周朝的泰伯、仲雍奔吴带去先进文化习俗，春秋时期吴王阖闾、越王勾践的恩怨情仇，东晋巨族王谢的名士风流，都是青年杜甫抚今追昔的极好素材。当然，古迹之外，鉴湖、剡溪等地秀美的山水、白皙的女子，也给杜甫留下了十分美好的回忆。《春日梓州登楼二首》之二"厌蜀交游冷，思吴胜事繁"两句，再一次印证了这一点。不过，杜甫也有一个遗憾，没能渡海到当时的日本国一游。

　　再看齐赵之游。"放荡齐赵间，裘马颇清狂。春歌丛台上，冬猎青丘旁。呼鹰皂枥林，逐兽云雪冈。射飞曾纵鞚，引臂落

112

鸷鸽。苏侯据鞍喜，忽如携葛强"(《壮游》)。这一回漫游生活，主要内容是体育运动，具体地说是骑马打猎。显然，杜甫在这一时期练就了骑马打猎的好身手。跟若干好友一道，穿着名贵的裘皮大衣，骑着骏马，春歌冬猎，过的是典型的富二代、官二代的奢侈生活。遗憾的是，杜甫这一时期练成的超群骑技，日后给他带去了不小的麻烦。晚年在夔州白帝城，一次酒后骑马，恍惚之间杜甫以为自己回到了青年时代，纵马飞奔下某处山坡时，"不虞一蹶终损伤，人生快意多所辱"，坠落马下，结果卧了一段时间的床(《醉为马坠，诸公携酒相看》)。

再看东鲁之旅。"余亦东蒙客，怜君如弟兄。醉眠秋共被，携手日同行。更想幽期处，还寻北郭生。入门高兴发，侍立小童清。落景闻寒杵，屯云对古城。向来吟橘颂，谁欲讨莼羹？不愿论簪笏，悠悠沧海情"(《与李十二白同寻范十隐居》)。这一次是跟李白同游，可以说是友情之旅。两位中国文学史上最伟大的诗人，年龄相差十余岁，却携手寻访隐居者，真是奇迹。阅读这些诗句，让人恨不能也穿越过去，跟随他们俩一同探幽访胜。

再看梁宋之游。"昔者与高李，晚登单父台。寒芜际碣石，万里风云来。桑柘叶如雨，飞藿去徘徊。清霜大泽冻，禽兽有馀哀。是时仓廪实，洞达寰区开。猛士思灭胡，将帅望三台。君王无所惜，驾驭英雄材"(《昔游》)。"忆与高李辈，论交入酒垆。两公壮藻思，得我色敷腴。气酣登吹台，怀古视平芜"(《遣怀》)。这是一次跟好友高适、李白一道，感伤怀古、抒

113

情言志的旅程。景色的荒凉，朋友的豪情，以及前途的渺茫，都预示了青春之旅即将结束。在儒家思想熏陶下长大的杜甫，终究要走积极入世的人生道路，肩负起国家、社会、家庭的重担。

日后的事实充分证明，杜甫的青春之路不是走着玩的，意义十分重大：它开阔了杜甫的眼界，培养了杜甫对国家、山水的深厚感情，成就了千古诗圣，丰富了中华民族的文艺、精神宝库！

杜甫很骄傲？

有学者说，杜甫在政治上自比稷契，想致君尧舜，在文学上把屈原、贾谊、曹植、刘桢等前辈都不放在眼里，是一种自高自大。我认为，这种说法有商榷余地。

首先，杜甫自比稷契、想致君尧舜等"自高自大"的所谓证据，需要加以分析，不能望文生义。自比稷契、想致君尧舜云云，均出自杜甫本人笔下。《奉赠韦左丞丈二十二韵》："甫昔少年日，早充观国宾。读书破万卷，下笔如有神。赋料扬雄敌，诗看子建亲。李邕求识面，王翰愿卜邻。自谓颇挺出，立登要路津。致君尧舜上，再使风俗淳。"《自京赴奉先县咏怀五百字》："杜陵有布衣，老大意转拙。许身一何愚，窃比稷与契。"《壮游》："归帆拂天姥，中岁贡旧乡。气劘屈贾垒，目短曹刘墙。忤下考功第，独辞京尹堂。"无论是作于壮年在长安求官时期的《奉赠韦左丞丈二十二韵》和《自京赴奉先县咏怀五百字》，还是作于晚年寓居夔州时期的《壮游》，这些被当作杜甫自高自大证据的诗句，都是杜甫的自我回忆，明显带有自嘲意味，嘲讽自己当年过于轻狂，过于自信，目的是反衬自己作诗之时的坎坷落魄。作《奉赠韦左丞丈二十二韵》的时候，杜甫为了谋求仕进，做了十多年的"京漂"，过着"朝扣富儿门，暮随肥马尘。残杯与冷炙，到处潜悲辛"的生活；由于奸相李林甫当道，皇帝格外开恩的招贤考试，又跟所有举子一起遭到黜落；看不到希望的杜甫，甚至产生了归隐江湖的念头，"今欲东入海，即将西去秦……白鸥没浩荡，万里谁能驯"。作《自京赴奉先县咏怀五百字》的时候，杜甫虽然得了个八品的小官职（对此他其实是非常失望的），但是他从长安去奉先县探望妻子儿女的路上，路过骊山，看到了皇家朱门的骄奢淫逸，看到了黎民百姓的受冻挨饿，想到了边塞军人的背井离乡，"忧端齐终南，澒洞不可掇"，杜甫的内心充满了忧愁与悲伤。作《壮游》的时候，杜甫是"小臣议论绝，老病客殊方"，他自己的政治理想已经彻底幻灭，只能寄希望于在朝廷为官的年轻朋友，"群凶逆未定，侧伫英俊翔"。紧接着这些貌似自高自大的诗句后边的，都是自哀自怜的诗句。两相映照，目的是加强艺术感染力，赢得他人的同情，举荐自己，或者更有力地批判现实。这种鲜明映照的写法，也是杜甫诗歌语言一贯的风格，是他所追求的"语不惊人死不休"的艺术效果。剥去自嘲、语言风格等因素，这些话其实并没有自高自大的意思。

其次，评价一个人的性格，需要知人论世。杜甫少年时代，因为出生于"奉儒守官"之家，很早就出入于东都洛阳的上流社会沙龙（《江南逢李龟年》"岐王宅里寻常见，崔九堂前几度闻"两句诗可证）；因为他文采出众，很早便受到崔尚、魏启心、李邕、王翰等前辈名流的赞赏；因为杜甫是怀抱远大理想之人，不甘平庸……种种原因，使得杜甫不愿意结交同龄侪辈做朋友，更愿意结交比自己年长的朋友，即他自己所说的"脱略小时辈，结交皆老苍"。因为这个，杜甫也遭到了同龄人的排斥，"取笑同学翁，浩歌弥激烈。非无江海志，萧洒送日月"。因为有理想，不愿意像许多同龄人那样潇洒度日，因而受到他们的排挤，这恐怕是不同于自高自大、高自称许的吧。实际上，杜甫也不是真的瞧不起同龄人。岑参比他小两三岁，两人不也成了好朋友吗？比他小更多而且做过强盗的苏涣，其才华也得到了杜甫的称赞，杜甫对他寄予厚望。从他对年长于自己朋友的态度，不难看出，杜甫实在是一个谦虚好学的后起之秀。孟浩然、郑虔、王维、李白等人，杜甫都曾热烈地加以推崇。对孟浩然，"复忆襄阳孟浩然，清诗句句尽堪传"（《解闷十二首》之六）；对郑虔，"先生有道出羲皇，先生有才过屈宋。德尊一代常坎坷，名垂万古知何用"（《醉时歌》）；对王维，"不见高人王右丞，蓝田丘壑漫寒藤。最传秀句寰区满，未绝风流相国能"（《解闷十二首》之八）；对李白，"李白一斗诗百篇"（《饮中八仙歌》），"敏捷诗千首"（《不见》），"白也诗无敌"（《春日忆李白》），等等。一个真的自高自大的人，是说不出这些话来的。

也许有人会根据杜甫"气劘屈贾垒，目短曹刘墙"等诗句，说他对古人不够尊敬。不能不说，这是个误会。古往今来，再也没有比杜甫更善于学习、汲取古人长处的诗人了。"子美集开诗世界"（宋代诗人王禹偁语），公认的杜甫诗歌最大成就在于集大成。一个瞧不起古人的人，是绝无可能取得这种成就的。众所周知，杜甫是非常善于学习前人长处的，"前辈飞腾入，馀波绮丽为"（《偶题》），"别裁伪体亲风雅，转益多师是汝师"，"不薄今人爱古人，清词丽句必为邻"，杜甫对别人这样说，他自己也是这样做的。在成都严武幕府供职时，有一些年轻后生对前辈诗人有不恭敬的言论，杜甫便毫不客气地予以斥责："王杨卢骆当时体，轻薄为文哂未休。尔曹身与名俱灭，不废江河万古流！"当然，杜甫对古人也并非一味地崇拜，他是有所选择的，"窃攀屈宋宜方驾，恐与齐梁作后尘"，屈原宋玉，是杜甫学习的榜样，而对齐梁浮艳诗风，杜甫也作了批评。（以上均出自《戏为六绝句》）此外，"焉得思如陶谢手，令渠述作与同游"（《江上值水如海势，聊短述》），"清新庾开府，俊逸鲍参军"（《春日忆李白》），"李侯有佳句，往往似阴铿"（《与李十二白同寻范十隐居》），"庾信文章老更成，凌云健笔意纵横"（《戏为六绝句》），等等，都可以看出杜甫对陶渊明、谢灵运、庾信、鲍照、阴铿等前代诗人的肯定与赞赏。

至于常被论者用以证明杜甫自信自豪的"吾祖诗冠古"（指祖父杜审言，《赠蜀僧闾丘师兄》），"诗是吾家事，人传世上情"（《宗武生日》），等等，不是为了衬托友人荣耀，便是为了激励后代，都有语境需要的因素，不能简单地照着字面意思去解读。

即使是杜甫祖父杜审言那些向来被当作狂妄自大的言论（文章超过屈原宋玉，书法超过王羲之，因而这些古人都得给他打下手；他活着，同时代的诗人沈佺期、宋之问等人便没有出头之日，诸如此类），我以为，其中有相当多谐谑、幽默的成分，只有不懂幽默的人，才会跟他认真计较，恨之入骨。

哪个少年不曾豪情万丈、目空一切呢？杜甫不过是比较坦诚，敢于在诗歌中说出年轻时心里的想法而已，只是把同样的话说得更加鲜明夺目而已。骨子里，杜甫不但不自大，反而非常谦虚。惟其如此谦虚，方能成就千古诗圣的美名。即使是大唐王朝，也难以容忍杜甫这样的人才，这是杜甫的悲哀，更是李唐王朝的悲哀。

没有行走，就没有诗圣

近代法国哲人伏尔泰说"生命在于运动"，宋朝著名文学家欧阳修曰"诗穷而后工"。当穷困与运动在一个诗人身上交集时，便成就了一位悲天悯人的伟大诗人——诗圣杜甫。

根据"运动"的情况，杜甫的一生可以分为前后两个阶段：三十五岁之前是主动的轻松的运动，三十五岁之后是被动的沉重的运动。

前一阶段的行走，没有留下多少诗歌作品。现存杜甫诗集中能看到的，只有二十余首。当然，并不是说杜甫这一阶段就只写过这些作品。根据杜甫《进雕赋表》"自七岁所缀诗笔，向四十载矣，约千有馀篇"的说法，他三十五岁之前应该写过近千首诗歌。如今只剩这二十余首，其他作品，或者在传播中散失了，或者是杜甫晚年编辑诗集时有意删汰了。数量虽少，但也有几首跟行走有关的佳作，例如《游龙门奉先寺》《望岳》。这些作品中，青年诗人杜甫在即景抒情方面的天赋初露端倪。

这一时期行走的真正意义，不在于直接写出传世的杰作，而在于开阔心胸，增加见闻，陶冶情操。与此同时，也为后一阶段的写作积累了丰厚的素材。后一阶段不少怀念故人、追怀往昔岁月的佳作，都取材于这一阶段的行走，例如《忆昔二首》《壮游》《遣怀》。

研究文学史，不难发现，家道中落的人家最容易诞生文豪，比如曹雪芹、鲁迅。杜甫也是如此。前后两个阶段行走情形穷富顺逆的巨大落差，是杜甫诗歌创作中激情、灵感的不竭源泉。因此可以说，杜甫前一阶段的行走，价值巨大，意义深远。《观公孙大娘弟子舞剑器行》《江南逢李龟年》等感时伤逝的杰作，则是前后两个阶段巨大落差的直接成果。

相比之下，杜甫后一阶段行走的价值、意义则直观得多，甚至可以说是一目了然。请看：天宝十四载（755）十一月，得到右卫率府胄曹参军这个小官职不久，杜甫由长安往奉先县探望寄居在那里的妻子儿女，路途所见，使他感慨万端，写出了《自京赴奉先县咏怀五百字》这首名作。至德二载（757）八月，因为上书替房琯说情，遭肃宗李亨疏远，被准许回鄜州羌村探视家小，一路见闻，又使他写出了《羌村三首》《北征》等名作。乾元二年（759）春，被贬为华州司功参军期间，杜甫由华州往洛阳看望妻子儿女，路途所见，使他写出了《赠卫八处士》、《洗兵马》、"三吏"、"三别"等优秀诗篇。后来，每到一处，杜甫都留下了直接源于行走见闻的优秀诗篇。例如，在秦州，有《秦州杂诗二十首》；在同谷，有《同谷七歌》；

在成都，有《蜀相》《江畔独步寻花七绝句》《遭田父泥饮，美严中丞》《登楼》等；在云安，有《旅夜书怀》；在夔州，有《秋兴八首》《咏怀古迹五首》《登高》等；在荆湘之间，有《登岳阳楼》《风疾舟中伏枕书怀》等。

上文所列举的诗篇，基本上都是杜甫诗集中最优秀的作品。反过来，也可以说，杜甫一生最优秀的作品，多数跟行走直接相关。因此，说没有行走就没有诗圣，不是夸张。

杜甫之所以能在行走的路上创作出那么多优秀的作品，主要原因有两个：一是接地气，二是接人气。所谓接地气，是指杜甫在行走的过程中，欣赏到了美丽的山水，摄取山水景物，运用其高超的语言艺术写入诗中，诗便充满了山水灵气。所谓接人气，是指杜甫在行走的过程中，更真切地了解到底层人民生活的疾苦，更深刻地认识到李唐王朝的种种弊政，他的诗中因此有了悲天悯人的情怀。山水灵气，加上悲悯情怀，成就了杜甫诗歌巨大的艺术感染力。杜甫的诗歌，虽然也有不少山水景物，但是明显不同于陶渊明、孟浩然、王维等人的山水田园诗，我认为，不妨称之为"家国山河诗"。杜甫"家国山河诗"的特点是，更加贴近社会现实，更加贴近底层百姓。

当然，写诗，并非只有行走一条途径。王维、陶渊明、李商隐等人的诗歌成就，相对而言，跟行走的关系就不是很大。同时，也不是说只要行走，就能写出伟大的诗篇，成为伟大的诗人。行走只是形式、外因，更重要的还是一个人的内心世界：立场、情感、价值观念、审美修养、思想境界、道德情操、文艺天赋之类的东西。

　　不得不指出，杜甫不是一个能够守一处丘壑以终老之人，他有着游吟诗人的气质；他无法像陶渊明那样，长居园田。"虽伤旅寓远，庶遂平生游"两句诗（《发秦州》），透露出了杜甫无法安居一处的性格特点。

马背上的诗人

　　杜甫绝不是一个只会读读书、做做诗的文弱书生。青壮年时期，他是一个能骑在飞奔的骏马上射箭的打猎好手。他出生于世代为官的文人家庭，有祖产可继承，所到之处，都有做官的亲友接待照顾，在一生的大部分时间里，杜甫都有条件以马匹作为代步的工具。这些情况，均在他的诗歌中有所披露。

　　现存杜甫诗中，最早写到骑马的，是《对雨书怀，走邀许主簿》："走邀愧泥泞，骑马到阶除。"雨后地面泥泞，杜甫骑马去邀请许主簿（可能是杜甫父亲的下属）到自己家赴宴，直至骑到对方住处的台阶边，而不是在大门口下马。时间在杜甫第一次去山东看望在兖州做官的父亲。其次，要算是《暂如临邑，至㹁山湖亭，奉怀李员外，率尔成兴》，诗中有"野亭逼湖水，歇马高林间"两句。时间在跟李白同游齐鲁期间，地点大概在济南附近。

　　上述两诗所说的，都是杜甫以马为代步工具。作于晚年夔州时期的《壮游》，所回忆的则是第一次进士考试失败后，在齐赵的五六年里，跟好朋友苏预（源明）一起骑马驰骋的情形："放荡齐赵间，裘马颇清狂。春歌丛台上，冬猎青丘旁。呼鹰皂枥林，逐兽云雪冈。射飞曾纵鞚，引臂落鹜鹕。苏侯据鞍喜，忽如携葛强。"穿着华贵的貂皮衣服，春天跑到古代赵国都城遗址（在今天河北邯郸）上引吭高歌，冬天在古代齐国辖境（今天的山东北部）的青丘、皂枥林、云雪冈一带追逐猎物。杜甫骑马打猎的技术十分了得，能够在飞奔的马背上射中天空中的飞鸟。苏源明骑在马上，见此情形非常高兴，当时就把杜甫比作西晋名士山简和他善于骑射的爱将葛强。又是赵国故都，又是齐国辖境，可见杜甫当年骑马驰骋的范围相当之大。

杜甫三十五岁时结束齐赵漫游，到长安跑官。在长安跑官的十馀年时间里，杜甫的主要交通工具，似乎不是马，而是毛驴。在《奉赠韦左丞丈二十二韵》一诗中，杜甫这样描写自己生活的悲辛："骑驴三十载，旅食京华春。朝扣富儿门，暮随肥马尘。"其中的"三十年"，显系传抄错误，杜甫跑官的时间没有那么长。另一首题为《示从孙济》的诗中有"平明跨驴出，未知适谁门"两句，可以佐证：这一时期杜甫是骑驴出行的。

担任右卫率府胄曹参军期间，杜甫骑什么出行，诗中未见透露，大约也是以毛驴为交通工具的。这样低微的官职，朝廷大概是不提供官马的。

逃出安史乱军占领下的长安，千辛万苦，跑到肃宗即位的灵武，得了个左拾遗的官职。大概是战乱的缘故，马匹缺乏。杜甫从凤翔去鄜州看望妻子儿女，朝廷不提供官马。杜甫只能步行回去。走到邠州时，杜甫做了一首题为《徒步归行》的诗，向名将李嗣业借马。诗是这样写的："明公壮年值时危，经济实藉英雄姿。国之社稷今若是，武定祸乱非公谁。凤翔千官且饱饭，衣马不复能轻肥。青袍朝士最困者，白头拾遗徒步归。人生交契无老少，论交何必先同调。妻子山中哭向天，须公枥上追风骠。"先是将李嗣业大大地赞扬一通，说平定安史祸乱，非他莫属；接着是诉苦，说当时朝廷所在地的官员都只能勉强填饱肚子，穿衣、骑马均难以满足，像自己这样的职位，尽管年岁老大、头发斑白，也只能徒步回家。考虑到妻子儿女因为长时间得不到自己的音信，生活陷入困境，一定是哭声震天，悲惨异常。最后，提出借马要求，他借的是追风快马（追风骠）。

因为上书替房琯说情，惹恼肃宗李亨，杜甫被下狱论罪。虽然最后没有定他的罪，但是官马被官府收回。杜甫出门看望朋友，只能向房东借毛驴作脚力。《逼仄行赠毕曜》："逼仄何逼仄，我居巷南子巷北。可恨邻里间，十日不一见颜色。自从官马送还官，行路难行涩如棘。我贫无乘非无足，昔者相过今不得。实不是爱微躯，又非关足无力。徒步翻愁官长怒，此心炯炯君应识。晓来急雨春风颠，睡美不闻钟鼓传。东家塞驴许借我，泥滑不敢骑朝天……"其中情形，颇多纠结与苦楚。

朝廷迁回长安之后，条件有所改善。做着左拾遗的杜甫，上下班有官马可骑。《晚出左掖》"避人焚谏草，骑马欲鸡栖"，可为证据。

杜甫最后得了一个被贬为华州司功参军的处分。离开长安前往华州赴任，杜甫是骑马去的。《至德二载，甫自京金光门出，间道归凤翔，乾元初从左拾遗移华州掾与亲故别因出此门有悲往事》一诗，有"无才日衰老，驻马望千门"两句。

华州弃官之后，官马肯定是收回去了。但是，从他作于秦州的《病马》"乘尔亦已久，天寒关塞深。尘中老尽力，岁晚病伤心。毛骨岂殊众，驯良犹至今"等诗句看，杜甫是有私马的。很显然，杜甫对自己的老马很有感情。

杜甫一家离开秦州前往同谷，离开同谷前往成都，路途上所作诗歌，都出现了马的身影。《发秦州》"中宵驱车去，饮马寒塘流"，《铁堂峡》"水寒长冰横，我马骨正折"。这马还是一匹白马。《泥功山》诗云"白马为铁骊，小儿成老翁"（泥泞，马身上涂满了泥巴，泥巴干了之后，像是披了铁甲；小孩子行进困难，犹如老翁）。《白沙渡》"我马向北嘶，山猿饮相唤"。

到达成都之后，杜甫诗中很长时间都没有出现坐骑的信息。倒有两首跟熟人开玩笑的诗《戏赠友二首》，对两位熟人坠马受伤进行了安慰和劝诫。有可能，这一时期杜甫无马可骑。

徐知道作乱，杜甫携家避难。从阆州到蜀山的路上，可能是当地官吏提供的，杜甫诗中出现了马。《自阆州领妻子却赴蜀山行三首》之二："衫裹翠微润，马衔青草嘶。"

在成都的后两年，因为严武力邀其为幕府参谋，杜甫又有马可骑了。《到村》"老去参戎幕，归来散马蹄"，可以证明。而且，骑的还是白马。《至后》："青袍白马有何意？金谷铜驼非故乡。"

夔州期间，杜甫日常大约是没有马骑的。《崔评事弟许相迎不到，应虑老夫见泥雨怯出，必愆佳期，走笔戏简》："江阁要宾许马迎，午时起坐自天明。浮云不负青春色，细雨何孤白帝城。身过花间沾湿好，醉于马上往来轻。虚疑皓首冲泥怯，实少银鞍傍险行。"如果杜甫是有马的，用不着他人答应有马车迎接赴宴。最后一句，更是明白地表达了自己没有马骑的遗憾。

不过，夔州期间，杜甫也发生过一次骑着马飞奔下坡、结果摔于马下的不幸事件。《醉为马坠，诸公携酒相看》："甫也诸侯老宾客，罢酒酣歌拓金戟。骑马忽忆少年时，散蹄迸落瞿塘石。白帝城门水云外，低身直下八千尺。粉堞电转紫游缰，东得平冈出天壁。江村野堂争入眼，垂鞭弹鞚凌紫陌。向来皓首惊万人，自倚红颜能骑射。安知决臆追风足，朱汗骖驔犹喷玉。不虞一蹶终损伤，人生快意多所辱。"祸根是酒后逞能，五十多岁的人恍惚间回到了年轻时代，大意失荆州。同时，应该也有很久不曾骑马生疏了的原因。

从上边的简单叙述不难看出，杜甫的一生，陆路行走，

128

马是他最重要的交通工具，毛驴次之。因此，马在杜甫的心目中有着非常特殊的位置；杜甫对马情有独钟，写过很多关于马的优秀诗歌。

以马自喻

　　唐代两位结有深厚友谊的伟大诗人，各有所好：李白特别喜欢在诗里写月亮，杜甫则特别喜欢在诗里写马。如果说，李白是把月亮当作伙伴当作知己，杜甫则是把马当作梦想当作生命。李白用月亮给自己的儿子取名，伯禽小名"明月奴"；杜甫用马给自己的儿子取小名，宗武小名"骥子"。

　　宗武是杜甫的幼子，因为从小聪明乖巧，深得杜甫的喜爱。有诗为证，《忆幼子》："骥子春犹隔，莺歌暖正繁。"又，《遣兴》："骥子好男儿，前年学语时。问知人客姓，诵得老夫诗。"有一年宗武生日，杜甫作诗道："自从都邑语，已伴老夫名。诗是吾家事，人传世上情。熟精文选理，休觅彩衣轻。"自豪之情，寄望之殷，溢于言表。

　　现存一千四百多首诗歌中，杜甫专门写马的诗有十余首。按照时间顺序，大致如下：《房兵曹胡马》、《高都护骢马行》、《天育骠骑歌》、《骢马行》、《瘦马行》、《李鄠县丈人胡马行》、

《遣兴二首》之二、《秦州杂诗二十首》之五、《病马》、《题壁上韦偃画马歌》、《韦讽录事宅观曹将军画马图》等。这些诗，几乎每一首都写出了马这种动物独特的精神气质，具有极强的艺术感染力，可以说，几乎每一首都是脍炙人口的不朽之作。

写作时间最早的是五言律诗《房兵曹胡马》，全诗如下："胡马大宛名，锋棱瘦骨成。竹批双耳峻，风入四蹄轻。所向无空阔，真堪托死生。骁腾有如此，万里可横行。"诗的前四句写马的外形，后四句写马的能力。瘦而有力的外形下，有着远大的志向和超强的能力。不由得我们不作这样的解读：杜甫这是在写他自己。二三十岁的杜甫，血气方刚，"自谓颇挺出，立登要路津。致君尧舜上，再使风俗淳"（《奉赠韦左丞丈二十二韵》）。

《高都护骢马行》，似乎是写实之作，描写、刻画一位边塞将军坐骑的不凡来历、雄姿伟绩和自由不羁的秉性，但"猛气犹思战场利""何由却出横门道"等诗句，也明显寄托了诗人急于用世立功的心情。

《天育骠骑歌》，表面上是在赞美绘画中的古代宝马，贬斥现实中被皇家豢养的庸马，而实际上，抒发的却是自己怀才不遇的郁闷情怀。"如今岂无騕褭与骅骝，时无王良伯乐死即休！"愤激之情是很明显的。这是杜甫在长安跑了十年的官却一无所获、眼看着人生理想就要尽付东流时内心想法的真实流露。"近闻下诏喧都邑，肯使骐驎地上行"（《骢马行》），说的大约是唐玄宗下诏征求天下通一艺之士进京候选最后却被

131

奸相李林甫以"野无遗贤"为由黜落全部举子的事情。

《瘦马行》写于杜甫被贬华州司功参军之时，显系借马抒情，即前人所说的"自伤贬官而作"。诗中遭遗弃的官马，其实就是杜甫本人的化身。"天寒远放雁为伴，日暮不收乌啄疮"。穷途末路，读之令人心生无限伤悲。

其他写马之作，跟上述数首一样，诗中的马，全都有着诗人自己的身影和精神。例如：《李鄠县丈人胡马行》中的"凤臆龙鬐未易识，侧身注目长风生"，说的又是怀才不遇的苦闷；《遣兴二首》之二"此日千里鸣，追风可君意"，表达的也是用世的急切心情；《秦州杂诗二十首》之五"哀鸣思战斗，迥立向苍苍"，俨然著名画家蒋兆和笔下的杜甫像。

杜甫对马超常的喜爱，为他的朋友们所熟知。成都时期，著名画家韦偃投其所好，在杜甫家草堂的东边墙壁上，用秃笔画了两匹骏马，"一匹龁草一匹嘶，坐看千里当霜蹄"。杜甫非常喜爱这幅作品，作诗《题壁上韦偃画马歌》感慨道："时危安得真致此，与人同生亦同死！"这是杜甫发自内心最深处的感慨。

古往今来，歌咏、赞美过骏马的诗人多矣，但是像杜甫这样对马情有独钟、视马如自己生命者，似乎不多。

文艺修养

陆游论学诗，有"功夫在诗外"的说法。诚哉斯言！要想做一个出色的诗人，必须具备许多诗外的功夫。一个只会向壁虚构、堆砌辞藻的人，是成不了优秀诗人的。诗圣杜甫就是一个很好的例子。杜甫对文史典籍的信手拈来，对国家山河的深厚感情，对社会问题的热切关注，对生活细节的细致观察，均为一般人所难以企及。除了这些，文艺方面，杜甫的修养也是相当全面、相当高明的。书法、绘画、音乐、舞蹈，杜甫都有诗歌作品涉及，都表达过自己独特的见解，表现出了极高的鉴赏水准。

先说书法。杜甫出身于书香官宦之家（用他自己的话说是"奉儒守官"之家），从小接受良好的文化教育。七岁时会做诗，九岁时能写擘窠大字，"有作成一囊"（《壮游》）。杜甫一生，跟李邕、张旭等多位著名书法家有过交往；亲友中，郑虔、李潮都是书法方面的好手。《饮中八仙歌》《殿中杨监见示张旭草书图》《李潮八分小篆歌》等诗歌中，杜甫谈到了书法创作。《饮中八仙歌》以寥寥数语，写出擅长草书、当时号称"草圣"的张旭进行书法创作时的生动情景："张旭三杯草圣传，脱帽露顶王公前，挥毫落纸如云烟。"《殿中杨监见示张旭草书图》，写在友人处重睹张旭的书法作品，除了缅怀故友外，杜甫也用四句诗，描写了张旭书法艺术的特点："锵锵鸣玉动，落落群松直。连山蟠其间，溟涨与笔力。"李潮是杜甫的晚辈亲戚，擅长篆书。在《李潮八分小篆歌》中，杜甫着重强调了书法艺术的瘦硬之美。他说："峄山之碑野火焚，枣木传刻肥失真。苦县光和尚骨立，书贵瘦硬方通神。"《殿中杨监见示张旭草书图》诗有"未知张王后，谁并百代则"两句，《李潮八分小篆歌》诗有"尚书韩择木，骑曹蔡有邻。开元已来数八分，潮也奄有二了成三人"等句。这些足以说明，杜甫对当时的书法界、书法艺术传承情况，是相当熟悉的。

再说绘画。杜甫本人可能没有学习过绘画，但是，他交往的画家朋友、鉴赏过的绘画作品都不少。诗中提到过绘画作品的画家朋友，有郑虔、韦偃、王宰、曹霸、刘少府（刘姓县尉）等人。众所周知，王维是影响非常深远的画家，杜甫生前曾跟他有过亲密的交往，唱和过诗歌。杜甫诗中提及的绘画作品，题材有山水、松树、鹰、马等。写到画家和绘画作品的诗歌有《杨监又出画鹰十二扇》《画鹰》《题壁画马歌》《韦讽录事宅观曹将军画马图》《丹青引赠曹将军霸》《奉先刘少府新画山水障歌》《戏题画山水图歌》《戏为双松图歌》《观李固请

134

司马弟山水图三首》等。数量上明显多于写到书法的诗歌。

　　关于绘画，下列几件事情值得注意：一、画家韦偃曾经在杜甫成都草堂室内东墙壁上作画，画了两匹马，"一匹龁草一匹嘶"（《题壁上韦偃画马歌》）；二、杜甫曾请王宰给他作山水画，王宰"十日画一水，五日画一石。能事不受相促迫，王宰始肯留真迹"，这位画家朋友相当有名画家的范儿；三、除了山水，杜甫最喜欢的绘画有鹰和马两种，天空中自由飞翔的雄鹰和地面上扬蹄驰骋的骏马，都寄托了杜甫的人生理想，都是杜甫精神的化身，"为君除狡兔，会是翻鞲上"（《杨监又出画鹰十二扇》），"何当击凡鸟，毛血洒平芜"（《画鹰》），"时危安得真致此，与人同生亦同死"（《题壁上韦偃画马歌》）等诗句，透露了杜甫的心迹。所有跟画家和绘画有关的诗中，《丹青引赠曹将军霸》最为有名。但是，这一首诗的重点却不是写绘画艺术，而是发泄德才兼备者不能得志的郁闷心情，即"但看古来盛名下，终日坎壈缠其身"。跟书法一样，杜甫对当时的绘画界、绘画艺术传承情况，都相当熟悉。此外，有个有趣的事情，后世画家们喜欢用的成语"残山剩水"，为杜甫所创，来自其《陪郑广文游何将军山林十首》的"剩水沧江破，残山碣石开"两句诗。

　　再说音乐。相比之下，杜甫诗中写到音乐的情况，比写到书法绘画的少。但是，并非没有。例如《听杨氏歌》，描写了夔州时期一次筵宴上的听歌情形，"佳人绝代歌，独立发皓齿。满堂惨不乐，响下清虚里"。显然，乱世听悲歌，谁都没有好心情。《江南逢李龟年》诗，回忆自己早年在京城跟李龟年之间的关系，有"岐王宅里寻常见，崔九堂前几度闻"两句，说明杜甫年轻时代是达官贵人沙龙中的常客，有很多欣赏著名歌者演唱及其他器乐演奏的机会。

最后说一下舞蹈。唐玄宗开元年间，有一位著名的宫廷舞蹈家公孙大娘（公孙家的大姑娘，不是公孙大妈），童年时期的杜甫有幸观看过她的剑器浑脱舞表演，留下极为深刻的印象。晚年在夔州，杜甫于一次筵席上观看公孙大娘弟子李十二娘的剑器舞表演，想起当年公孙大娘的剑器舞，感时伤逝，写了一首著名的《观公孙大娘弟子舞剑器行》诗。这首诗以一系列形象生动的比喻，恰到好处地表现了公孙大娘剑器舞的艺术魅力，"昔有佳人公孙氏，一舞剑气动四方。观者如山色沮丧，天地为之久低昂。燿如羿射九日落，矫如群帝骖龙翔。来如雷霆收震怒，罢如江海凝清光"，读之令人神往，堪称中国文学史上表现舞蹈艺术的杰作。

思想境界

　　一般认为，《自京赴奉先县咏怀五百字》诗中"窃比稷与契"一句，奠定了杜甫一生思想品行的基础。换言之，上古尧帝时的两位贤臣，教民种植五谷的稷和掌管教化的契，是杜甫自定的学习榜样。

　　因为年代久远，文献漫漶，稷与契的事迹我们所知不多，大概"己饥己溺"之类。但是，读杜甫诗集，感受他"穷年忧黎元"的悲悯情怀，可以肯定，杜甫的思想境界绝非一般王朝贤臣所可同日而语。王朝贤臣，充其量只是在其位谋其政、发挥聪明才智做了一点儿有益于社稷苍生的事情而已。而杜甫一生虽然只做过两三年八品芝麻小官（右卫率府胄曹参军、左拾遗、华州司功参军），操的心却远比一二品的宰相尚书多：自家妻子儿女饥寒交迫之际、小儿子饿死的时候，他仍然没有忘记替处境不如自己的"失业徒""远戍卒"们忧虑呐喊（《自京赴奉先县咏怀五百字》）；自家屋漏夜不成眠，想的却是"天下寒士"能够住进"风雨不动安如山"的广厦（《茅屋为秋风所破歌》）；身为体制内的朝廷官员，他却为了百姓能安居乐业，胆敢讽刺皇帝，批评体制（《自京赴奉先县咏怀五百字》、"三吏"、"三别"等）；政治理想已经幻灭的晚年，他却身在江湖心存魏阙，一刻也没有忘记社稷苍生，没有忘记自己的政治理想，郑重其事地将自己未竟的政治理想托付给年轻的朋友（《可叹》"死为星辰终不灭，致君尧舜焉肯朽"，《暮秋枉裴道州手札，率尔遣兴，寄近呈苏涣侍御》"致君尧舜付公等，早据要路思捐躯"）。

杜甫的心肠，不是一般王朝官员所能同日而语，也不是一般诗人所可相提并论。跟杜甫一样，亲眼目睹了李唐王朝因遭受安史之乱由盛转衰的众诗人，孟浩然、王维、李白等，他们留下的诗中，基本上都没有记录现实、反映民生的篇什，只有杜甫一个人，在那里揭露现实的黑暗，批评制度的不公平，同情包括妇女、戍卒在内的穷苦百姓的不幸遭遇。

根据杜甫后半生的漂泊轨迹和诗歌作品，不妨说，杜甫的思想境界，不但已经大大超越了王朝贤臣，也超越了圣人。圣人讲"达则兼济天下，穷则独善其身"，而杜甫，无论自己是达是穷，是定居一处，还是漂泊四方，念念不忘的都是兼济天下——就是他自己所说的"致君尧舜上，再使风俗淳"。白居易做了新棉衣，发出的感慨是"安得万里裘，盖裹周四垠。稳暖皆如我，天下无寒人"（《新制布裘》），这是推己及人的圣贤境界；而杜甫，自家屋漏偏逢连夜雨，整夜湿冷难以入眠,却梦想着能有广厦千万间,"大庇天下寒士俱欢颜,风雨不动安如山",倘若能够"眼前突兀见此屋",他是"吾庐独破受冻死亦足"(《茅屋为秋风所破歌》)。这是投身饲虎的佛的境界,这是为了帮助人们进入极乐天国不惜自己被钉死在十字架上的耶稣的境界,这是舍己为人的境界。

"彤庭所分帛,本自寒女出。鞭挞其夫家,聚敛贡城阙""朱门酒肉臭,路有冻死骨""富家厨肉臭,战地骸骨白""默思失业徒,因念远戍卒。忧端齐终南,澒洞不可掇""已诉征求贫到骨,正思戎马泪盈巾"……读着这些惊心骇目的诗句,想象诗人悲天悯人的情怀,我们不能不承认:古往今来的文人中,没有第二个能像杜甫那样,给予遭遇不幸的底层百姓如此深刻的同情,对不利于穷苦百姓的制度、官员甚至皇帝进行如此无情的揭露和辛辣的讽刺。一言以蔽之,杜甫是中国文学史上为人民说话最多、呐喊最大声的诗人。"诗圣""人民诗人"之类的桂冠,其实都不足以充分表扬杜甫崇高的思想境界。

杜甫的境界,是忘我利他的境界,是牺牲自我在所不惜的境界,是坎壈终身矢志不渝的境界。杜甫的思想境界,事实上已经达到了救世主的高度。

杜甫很幽默

众所周知，杜甫是现实主义诗人，他写过大量批判现实的作品。他科举不顺、仕途坎坷，"致君尧舜上，再使风俗淳"的政治理想始终未能实现；他生不逢时，遭遇了使李唐王朝由盛转衰的"安史之乱"，尝尽流离失所、到处漂泊之苦。种种原因，使得杜甫留给后世读者的印象，大约总是愤怒、悲悯、忧虑一类，难得有轻松愉快的时候。换言之，在一般人的心目中，杜甫不算是一个幽默的人。

事实并非如此。杜甫不但懂幽默，而且很善于在诗歌中表现幽默。仔细阅读杜甫的诗歌作品，我们常常会被其中的幽默所感染，或怡然有得，如沐春风；或忍俊不禁，哑然失笑；或怦然心动，拍案称奇。

大概是天宝五载（746），杜甫为了追求仕进初到长安，还没有经历太多"朝扣富儿门，暮随肥马尘。残杯与冷炙，到处潜悲辛"，心情不坏，写了一首《饮中八仙歌》。诗中描写了在长安待过的八位嗜酒人士的故事。"知章骑马似乘船，眼花落井水底眠……李白一斗诗百篇，长安市上酒家眠。天子呼来不上船，自称臣是酒中仙。张旭三杯草圣传，脱帽露顶王公前，挥毫落纸如云烟……"透过生动诙谐的笔调，除了可以看到八位嗜酒名人饮酒之后各具性情的醉态，细心的读者也不难看出诗人的幽默。倘若杜甫是一个不会幽默的人，我们今天是不可能知道，盛唐时期曾经有过这么几位可爱的酒徒的。惟幽默之人，方能刻画出如此生动有趣的人物群像。

写于安史乱中被困长安时期的《月夜》，"今夜鄜州月，闺中只独看。遥怜小儿女，未解忆长安。香雾云鬟湿，清辉玉臂寒。何时倚虚幌，双照泪痕干"，是一首深情思念当时正在鄜州的妻子儿女的作品。但是，从"心已驰神到彼，诗从对面飞来"（浦起龙语）的写法和"香雾""清辉"两句堪称香艳的诗句看，杜甫心中大有黄连树下弹琴——苦中作乐——的况味。

《北征》写诗人一次省亲回家沿途见闻，其中与家人相见一节："经年至茅屋，妻子衣百结。恸哭松声回，悲泉共幽咽。平生所娇儿，颜色白胜雪。见耶背面啼，垢腻脚不袜。床前两小女，补绽才过膝。海图坼波涛，旧绣移曲折。天吴及紫凤，颠倒在裋褐……那无囊中帛，救汝寒凛栗。粉黛亦解苞，衾裯稍罗列。瘦妻面复光，痴女头自栉。学母无不为，晓妆随手抹。移时施朱铅，狼藉画眉阔。"两个小女儿的穿着、模仿母亲给自己化妆，可怜，可笑，可爱！有如诗人自己所说，战乱年代能够活着回到家里，看到这样的孩子，是可以忘记饥渴的。艰难时世人伦的温馨，跟杜甫具有苦中作乐的幽默情怀密不可分。

朝不保夕的战乱年代偶尔一现的天伦之乐温馨场面，《彭衙行》和《赠卫八处士》里也有。《彭衙行》写携带妻子儿女逃难时经过彭衙，受到朋友孙宰的款待，"故人有孙宰，高义薄层云。延客已曛黑，张灯启重门。暖汤濯我足，翦纸招我魂。从此出妻孥，相视涕阑干。众雏烂熳睡，唤起沾盘飧"；《赠卫八处士》写一天夜里路过一位多年未见的老朋友的家，受到朋友热情的招待，"昔别君未婚，儿女忽成行。怡然敬父执，问我来何方。问答乃未已，儿女罗酒浆。夜雨剪春韭，新炊间黄粱。主称会面难，一举累十觞"；生动感人的背后，是诗人一颗热爱生命的火热的心。"夜雨剪春韭，新炊间黄粱"，天底下难得有如此简陋却别致的待客食物！

漂泊西南时期，在成都，因为先后得到几位担任地方长官的朋友的照拂，杜甫一家过了几年相对安定的生活。《江村》《进艇》两首诗都是描写夏天生活情形的，"清江一曲抱村流，长夏江村事事幽。自去自来梁上燕，相亲相近水中鸥。老妻画纸为棋局，稚子敲针作钓钩……"（《江村》）；"……昼引老妻乘小艇，晴看稚子浴清江。俱飞蛱蝶元相逐，并蒂芙蓉本自双。茗饮蔗浆携所有，瓷罂无谢玉为缸"（《进艇》）。一家老小，各得其乐，这是随遇而安，也是一种乐观诙谐。杜甫，并不总是愁眉苦脸、忧心忡忡的。

杜甫无疑是一个富有爱心的父亲，他的诗歌中多次出现儿女的形象。"骥子好男儿，前年学语时。问知人客姓，诵得老夫诗"（《遣兴》），"平生所娇儿，颜色白胜雪"（《北征》），"娇儿不离膝，畏我复却去"（《羌村三首》），"痴女饥咬我，啼畏虎狼闻。怀中掩其口，反侧声愈嗔。小儿强解事，故索苦李餐"（《彭衙行》），"痴儿不知父子礼，叫怒索饭啼门东"（《百忧集行》），等等。有引为自豪的，有语带怜爱的，也有加以嘲谑的，但是，舐犊之情显而易见，均足以令人读之解颐。

历尽坎坷、艰难之后，一般人都容易产生厌世心理，至少会减少对生活的热情、对家人的牵挂。但是，杜甫不是这样，他是愈挫愈勇。"青衫老更斥，饿走半九州"（王安石语）之后，他仍然对妻子儿女一往情深，无法割舍。《别李秘书始兴寺所居》诗记载，老朋友李秘书在古寺里讲经说法，杜甫听后很有感慨，"重闻西方止观经，老身古寺风泠泠"。估计，这位老朋友曾经现身说法，动员杜甫皈依佛门。但是，被杜甫委婉地拒绝了。因为，比起听讲佛法，他更牵挂妻子儿女，"妻儿待我且归去，他日杖藜来细听"。从《谒真谛寺禅师》一诗看，真谛寺禅师也曾开导杜甫放下世俗羁绊，遁入空门。但是，他给了这位禅师明确的答复："问法看诗妄，观身向酒慵。未能割妻子，卜宅近前峰。"参禅悟法之后，自己钟爱的诗歌可以放下，不再吟咏；了解前身后世，一生嗜好的酒，也懒得喝了。但是跟自己患难与共的妻子儿女，却仍然无法割舍！杜甫拒绝两位佛教信徒劝诱的理由，委婉有情，令人莞尔。不难想象，当时杜甫脸上一定曾露出"狡黠"的一笑：任凭你说得天花乱坠，反正我是不会出家的，呵呵！

成都草堂时期写的《遭田父泥饮，美严中丞》一诗，刻画了一个鲁莽而真诚、豪爽的农民形象。这位农民一边夸赞严武，一边劝客人喝酒，不让客人离开，"酒酣夸新尹，畜眼未见有"；"叫妇开大瓶，盆中为吾取"；"高声索果栗，欲起时被肘"；"月出遮我留，仍嗔问升斗"。在杜甫诙谐幽默的讲述下，这位农民显得格外可爱。

杜甫的幽默，也表现在他的诗句自画像和自我嘲讽上。如写于长安时期的《醉时歌》中，"杜陵野客人更嗤，被褐短窄鬓如丝。日籴太仓五升米，时赴郑老同襟期。得钱即相觅，沽酒不复疑。忘形到尔汝，痛饮真吾师。清夜沉沉动春酌，灯前细雨檐花落。但觉高歌有鬼神，焉知饿死填沟壑。"写于成都期间的《漫成二首》之二，"仰面贪看鸟，回头错应人。读书难字过，对酒满壶频"四句；《奉赠卢五丈参谋琚》中，"素发干垂领，银章破在腰。说诗能累夜，醉酒或连朝"四句。一个诙谐幽默的杜甫，跃然纸上。至于"昔如纵壑鱼，今如丧家狗"（《将适吴楚，留别章使君留后，兼幕府诸公，得柳字》），"苦摇求食尾，常曝报恩鳃"（《秋日荆南述怀三十韵》）等诗句，更是可以引发读者"含泪的笑"。

"诸公衮衮登台省，广文先生官独冷"，"儒术于我何有哉，孔丘盗跖俱尘埃"（《醉时歌》），"朱门酒肉臭，路有冻死骨"（《自京赴奉先县咏怀五百字》）等强烈对比的诗句，都不妨

144

看作杜甫的冷幽默。

就是什么也不说，只看下边这几句诗："万里相逢贪握手，高才却望足离筵"（《惠义寺园送辛员外》），"羞将短发还吹帽，笑倩旁人为正冠"（《九日蓝田崔氏庄》）。您是不是已经觉得，杜甫是一个幽默有趣的人呢？

总而言之，我认为，正如他被尊称为"诗圣"一样，杜甫的幽默也是一流的，堪称中国文学史上最幽默的诗人！

为何能终生写诗？

我们知道，杜甫是生命不息、写诗不止的诗人。从七岁"开口咏凤凰"（《壮游》），到五十九岁临终之时趴在船中写诗体遗书（《风疾舟中伏枕书怀三十六韵奉呈湖南亲友》），五十余年间，杜甫一共做过两千多首诗歌。根据杜甫《进雕赋表》"……自七岁所缀诗笔，向四十载矣，约千有馀篇"的说法，四十岁之前，杜甫有一千首左右诗歌或者被他本人删汰掉了，或者是在流传过程中散失了。现存杜甫诗集中，作于四十岁之前的只有二三十首。没有保存下来的一千首左右，加上现存的一千四百多首，总数是两千多首。这还不算四十岁之后可能被杜甫本人删汰或者于流传过程中散失的作品。

是什么力量，使得杜甫一生都没有停止过做诗呢？

我认为，至少有如下六种力量：

一是为了功名仕途。李唐王朝以诗赋取士，有"行卷"制度，人们为了获取功名，可以进行公开的"干谒"活动，即在科举考试进行之前，将自己平时所写的诗文，精选出一部分，送给文坛名流或达官贵人，希望以文采打动他们，让他们为自己延誉，向有关官员推荐，以便顺利获取功名（考中进士），进入仕途。杜甫也写过不少此类诗歌，如《赠特进汝阳王二十韵》《赠韦左丞丈济》《奉赠韦左丞丈二十二韵》《赠翰林张四学士垍》《奉赠鲜于京兆二十韵》等。杜甫的这一类作品，也颇有独具性情的传世佳作，例如《奉赠韦左丞丈二十二韵》。考前的"行卷"和考场上的"省试"，能够流传千古的佳作虽然不多，但是，这种制度无疑极大地刺激、促进了包括杜甫在内的年轻诗人的诗歌创作，使他们精益求精，终成大器。

二是为了社交应酬。杜甫出身"奉儒守官"之家，少年时代即开始活跃于京城（东京洛阳）文坛，青年、中年时代又漫游各地，积极参加科举考试，追求仕进，晚年携家漂泊西南，投亲靠友。杜甫一生都需要跟他人打交道，出席筵宴、送往迎来之事不断，吟诗作赋的机会非常多。杜甫诗集中保存了许多此类作品。如《同诸公登慈恩寺塔》《送高三十五书记十五韵》《奉送严公入朝十韵》《同元使君春陵行有序》《又呈吴郎》《观公孙大娘弟子舞剑器行》等。其中，佳作甚多。

三是为了抒情言志。热爱生命、关心家国、积极入世的诗人，偏又生不逢时、遭遇坎坷，志向、情怀、感慨，就格外需要宣泄。杜甫此类诗歌特别多的原因，正在于此。杜甫喜欢以"咏怀""书怀"为题，如《自京赴奉先县咏怀五百字》《咏怀二首》《刈稻了咏怀》《咏怀古迹五首》《旅夜书怀》《夔府书怀四十韵》《风疾舟中伏枕书怀三十六韵奉呈湖南亲友》等。许多作品，虽然不以"咏怀""书怀"命题，但是，内容仍属此类。例如《醉时歌》，"德尊一代常坎坷，名垂万古知何用""但觉高歌有鬼神，焉知饿死填沟壑""儒术于我何有哉，孔丘盗跖俱尘埃。不须闻此意惨怆，生前相遇且衔杯"，愤懑激烈，旷古无二。

四是为了消愁遣闷。杜甫后半生，政治理想幻灭，频遭天灾人祸，多次举家逃难，颠沛流离，蛰居偏远，生活比较无聊，心情十分郁闷。诗歌便成了杜甫消愁遣闷的重要工具。"沈饮聊自适，放歌颇愁绝"（《自京赴奉先县咏怀五百字》），"不敢要佳句，愁来赋别离"（《偶题》），这些都是杜甫的夫子自道。杜甫诗集中，有许多以"遣闷""解忧""消愁"为题的诗。例如《遣闷奉呈严公二十韵》《戏作俳谐体遣闷二首》《遣闷》《遣闷戏呈路十九曹长》《解忧》。当然，正如李白所言，"抽刀断水水更流，举杯消愁愁更愁"，杜甫以作诗消愁遣闷，常有事与愿违的时候。《至后》诗云："愁极本凭诗遣兴，诗成吟咏转凄凉！"

五是为了家族荣誉。以儒家思想安身立命的杜甫，有着浓厚的家族意识，非常重视家族荣誉。最令杜甫感到自豪的祖先，远的是十三世祖晋朝的杜预，文武兼备；近的是祖父杜审言，武则天时期的著名诗人。年轻的时候，杜甫也许有效法杜预兼修文武的想法，政治理想破灭之后，主要是学习杜审言，专心诗歌创作。聪明颖悟的小儿子过生日，杜甫作诗云

"自从都邑语，已伴老夫名。诗是吾家事，人传世上情。熟精文选理，休觅彩衣轻"（《宗武生日》）；跟友人叙述家族渊源，杜甫赠诗有"吾祖诗冠古，同年蒙主恩"之句（《赠蜀僧闾丘师兄》）。可见，杜甫明显有通过诗歌创作光宗耀祖的想法。

六是为了名垂后世。《醉时歌》中有"德尊一代常坎坷，名垂万古知何用"的愤懑，《贻华阳柳少府》中有"文章一小技，于道未为尊"的感慨，而实际上，诗圣杜甫有着典型的中古文人的情怀：瞻前顾后之际，其实是很看重身后名声的。"文章一小道"之外，杜甫也说过"文章千古事"（《偶题》）；孔子所言，"君子疾没世而名不称焉"的忧虑，杜甫也有；"诸葛大名垂宇宙"的功业（《咏怀古迹五首》），杜甫也很羡慕。"千秋万岁名，寂寞身后事"（《梦李白二首》），虽是身后之事，生前只能饱尝寂寞，但在杜甫内心深处，对千秋万岁名，还是很在乎的。不过，有如顾炎武所言，君子的"疾没世而名不称焉"，追求的是身后（没世）之名，并非生前（当世）之名，生前之名，其实就是利（《日知录》卷七）。

种种力量，之所以能成就杜甫诗圣美名，除了杜甫有诗歌天赋、够勤奋努力之外，还有两个更为重要的原因：杜甫是一个正常、健全的人，他所生活的时代是一个正常、宽容的时代。不正常、不健全的人，构筑不起那么一个博大精深的诗歌世界；不正常、不宽容的时代，早就把天才扼杀在摇篮里了。

饿死，抑或撑死？

中国国家话剧院排演的实验话剧《杜甫》中，由导演亲自扮演的"诗人"说，杜甫是"吃了太多烤牛肉，撑死的"。一部以杜甫为题材为题目的话剧，竟然持此无稽之谈，有如此不敬的态度，着实让人大吃一惊！

关于杜甫的死因，历史上先后有过如下五种说法：

一、醉死；

二、饫死，即撑死；

三、淹死；

四、毒死；

五、病死。

提出"醉死说"的，是唐人郑处诲。他说，杜甫晚年漂泊湘潭间，寓居衡州耒阳县时，当地官员都挺烦他。杜甫写诗给县令，县令只好赠送他"牛炙白酒"，牛炙就是烤牛肉。结果，"甫饮过多，一夕而卒"（见《明皇杂录补遗》）。这个说法，后来为《新唐书·杜甫传》作者宋祁所采纳，"大历中……因客耒阳。游岳祠，大水遽至，涉旬不得食。县令具舟迎之，乃得还。令尝馈牛炙白酒，大醉，一夕卒，年五十九。"

"饫死说"不是单独提出来的，都跟醉酒连在一起。主张此说者有《旧唐书·杜甫传》作者刘昫和宋代学者、杜诗整理者王洙。《旧唐书·杜甫传》："……寓居耒阳，甫尝游岳庙，为暴水所阻，旬日不得食。耒阳聂令知之，自棹舟迎甫而还。永泰二年，啖牛肉白酒，一夕而卒于耒阳，时年五十九。"王洙《〈景印宋本杜工部集〉记》："……寓居耒阳。尝之岳庙，阻暴水，旬日不得食。耒阳聂令知之，自具舟迎还。五年夏，一夕醉饱，卒，年五十九。"

提出"淹死说"的，是唐人李观。李观《杜拾遗补传》："江水暴涨，为惊湍漂没，其尸不知落于何处。洎玄宗还南内，思子美，诏天下求之。聂令乃积空土于江上，曰：子美为牛肉白酒胀饫而死，葬于此矣。以此事闻。"

"毒死说"的提出者是郭沫若先生。郭氏《李白与杜甫》："其实死于牛酒，并不是不可能。不过不是'饫死'，或'饱饫而死'，而是由于中毒。聂令所送的牛肉一定相当多，杜甫一次没有吃完。时在夏天，冷藏得不好，容易腐化。腐肉是有毒的，以腐化后二十四小时至二十八小时初生之毒最为剧烈，使人神经麻痹、心脏恶化而致死。加以又有白酒促进毒素在血液中的循环，而杜甫的身体本来是在半身不遂的状况中，他还有糖尿病和肺病，腐肉中毒致死不是不可能，而是完全有可能的。"[1]

"病死说"，是历来大部分杜甫研究专家的意见。著名的编年杜诗集，仇兆鳌的《杜诗详注》，杨伦的《杜诗镜铨》，把《风疾舟中伏枕书怀三十六韵，兼呈湖南亲友》作为杜甫绝笔，都是这个意见的体现，现代学者闻一多（《少陵年谱》）、冯至（《杜甫传》）、萧涤非（《杜甫诗选注》）等，也都是这个意见。

饫死、醉死两种说法，仇兆鳌、闻一多、冯至、萧涤非、郭沫若等人驳斥甚详，主要依据为，如果是饫死、醉死的，杜甫就不可能写出对耒阳县令聂氏馈赠酒肉表示感谢的长篇诗作《聂耒阳以仆阻水，书致酒肉，疗饥荒江，诗得代怀，兴尽本韵。至县，呈聂令。陆路去方田驿四十里，舟行一日，时属江涨，泊于方田》；其次，写作此诗之后，还写了《暮秋将归秦，留别湖南幕府诸亲友》《长沙送李十一衔》《风疾舟中伏枕书怀三十六韵奉呈湖南亲友》等数首诗歌（这一点，郭沫若先生并不同意，他认为赠耒阳聂令的诗就是杜甫绝笔）。淹死说，连唐玄宗死于杜甫之前都不知道，不值得一驳。

郭沫若先生的中毒死亡说，尽管他有"死于牛酒，并不是什么丑事，也不能算作诬蔑"[2]的话，但其用心仍然可疑。众所周知，杜甫自述早年在长安有"卖药都市"（《进三大礼赋表》）的经历，成都草堂期间，有过"乘兴还来看药栏"的

① 郭沫若:《李白与杜甫》，人民文学出版社 1972 年版，第 205 页。
② 同上，第 209 页。

诗句（《宾至》）。加上杜甫又是个长期病号，患糖尿病、风痹、肺病的时间很长，自古有言，久病成医。显然，杜甫对医药是有一定研究的，他绝不会愚蠢到对腐肉有毒都浑然无知。郭沫若先生在尽情发挥自己想象力的同时，侮辱了伟大诗人杜甫的智商。

从迄今为止的研究看，说杜甫死于疾病，最为通达。

终生自责的事情

　　如今网络上有一句流行语，"理想很丰腴，现实却很骨感"。这句话用在诗圣杜甫身上，简直有如量身定制一般合体。青年时代怀有"致君尧舜上，再使风俗淳"的伟大理想，但是，现实却让他最终赍志以殁。距离实现这一理想最近的时期，是至德二载（757）五月到乾元元年（758）六月，他逃出安史乱军占领的长安，历经艰险投奔在凤翔继位的肃宗李亨。可能是"麻鞋见天子，衣袖露两肘"的落魄样子打动了皇帝，杜甫被委以从八品下的左拾遗一职。品级虽低，但毕竟有机会直接向皇帝进谏，所以，杜甫上任之后，早出晚归，工作尽心尽力。"明朝有封事，数问夜如何"（《春宿左省》），"避人焚谏草，骑马欲鸡栖"（《晚出左掖》）等诗句，可为证明。

　　可是，上任不久，当年八月，杜甫就因替布衣之交、时任宰相的房琯说情，惹怒肃宗，差点儿被关进大牢。虽然最后以无罪释放告终，但肃宗皇帝从此开始疏远冷落他，杜甫进谏的机会实际上已经没有了。挂着左拾遗官职的一年多时间里，跟政治理想有关的，杜甫几乎只做了上书为房琯辩护这一件事情。其他该做的事情都还没有来得及做。其中有一件事情，就令杜甫抱憾终生，用他自己的话说，是"至死难塞责"。

事情是这样的：

安史之乱期间，叛军派出不少间谍刺探朝廷军情。当时跟杜甫相识的侍御吴郁，负责间谍甄别工作。吴郁因为担心无辜者被冤枉、遭杀害，工作谨慎负责。他的这种做法，表面上得到了上司的认可，而实际上却并不符合他们的心意，已经得罪了他们。因此，不久他就被贬斥到外地任职。

事后，杜甫认为，自己正担任着皇帝身边的谏官之职，"余时忝净臣，丹陛实咫尺"，于公于私，都应该站出来替吴郁辩护。可是，大概由于之前疏救房琯令肃宗皇帝龙颜大怒、诏三司推问，杜甫受到了肃宗李亨的冷落，他并没有站出来替吴郁说话。

虽然以当时杜甫的处境，即使他站出来替吴郁说话了，也未必有什么效果。但是，杜甫事后却由衷地感到遗憾与歉疚。因此，时隔一年左右，杜甫在弃官之后，离开秦州前往同谷、路过吴郁在两当县的老家宅子时，就满怀歉疚地写下了《两当县吴十侍御江上宅》一诗，后半首诗详述事情经过与自己内心的感受。请看：

……

兵家忌间谍，此辈常接迹。台中领举劾，君必慎剖析。

不忍杀无辜，所以分白黑。上官权许与，失意见迁斥。

朝廷非不知，闭口休叹息。仲尼甘旅人，向子识损益。

余时忝诤臣，丹陛实咫尺。相看受狼狈，至死难塞责。

行迈心多违，出门无与适。于公负明义，惆怅头更白。

"相看受狼狈，至死难塞责""于公负明义，惆怅头更白"，这些话，真如前人所言，"真情实语，声泪俱下"（杨伦《杜诗镜铨》引申凫盟语）。

更令杜甫感到遗憾的是，后来，他携家定居成都草堂期间，吴郁跟另一位朋友范邈去拜访他。不巧的是，杜甫正好出门拜访邻居太了，没见着吴郁（事见杜甫《范二员外邈、吴十侍御郁特枉驾阙展待，聊寄此作》）。有可能，吴郁遭贬斥后，杜甫跟他再也没有见过面。杜甫的遗憾与歉疚，始终没能当面跟吴郁说明。

一时之是非，永恒之人性

明末清初学者顾宸（1606—1674），论及杜甫与李白、郑虔的交情，有如下一段话：

> 供奉之从永王璘，司户之污禄山伪命，皆文人败名事。使硁硁自好者处此，割席断交，不知作几许雨云反复矣。少陵当二公贬谪时，深悲极痛，至欲与同生死。古人不以成败论人，不以急难负友，其交谊真可泣鬼神。（转引自仇兆鳌《杜诗详注》卷五）

顾氏这一番话，意在赞扬杜甫的交友之道，即"不以成败论人，不以急难负友"。但是，我们今天，却不妨读出如下两点信息：

一、唐朝的法律相当宽松。李白一度应永王李璘之邀入其幕府，郑虔被迫接受安禄山伪朝廷的官职，都是附逆谋反的重罪。在别的朝代，人们通常会被要求跟这种人划清界限，不然会受到连累，乃至株连。但是，在唐朝，竟然允许杜甫写诗公开表示对他们的深情厚意。李白被投入浔阳监狱的消息传到杜甫那里，杜甫先后写了《天末怀李白》《梦李白二首》，表达对李白魂牵梦萦的思念、对李白的处境深切的关注。实际上，杜甫作诗之时，李白在前往长流之地夜郎的途中遇赦获释，杜甫没有得到这个消息。进入四川到达成都之后，才得知李白的近况。又写了《寄李十二白二十韵》一诗，回顾李白荣辱经历，对李白的诗歌艺术作了高度的评价。这一首诗，既是为李白作传，也是为李白鸣冤。正如稍后所作的《不见》一诗所说的，"世人皆欲杀，吾意独怜才"。郑虔被迫接受安禄山伪职，肃宗至德二载（757）受到论罪处分。所有曾接受伪职的官员，被分六等论罪，郑虔一是因为职位低，二是据说有暗中向李唐王朝表忠心的行为，只以次三等论罪，被贬为台州司户参军。就这样，杜甫还大声为郑虔鸣不平，批评朝廷是"严谴"了（判重了）。在郑虔离开长安前往贬所时，杜甫虽然因故未能当面送别，但是他写了十分深情的送别诗《送郑十八虔贬台州司户，伤其临老陷贼之故，阙为面别，情见于诗》。后来，杜甫还陆续写了《题郑十八著作虔》《有怀台州郑十八司户》《八哀诗·故著作郎贬台州司户荥阳郑公虔》等诗，表达了自己的思念之情，对郑虔的不幸命运深表同情。杜甫这一系列写李白、郑虔的诗，简直是在跟朝廷对抗。然而，杜甫并未因此受到来自朝廷的任何压迫，比如深更半夜被有关部门请去喝茶。

二、唐朝的言行相当自由。杜甫作诗怀念李白、郑虔，为他们鸣不平，不但是对抗朝廷的行为，也是对抗"世人"的行为。"世人皆欲杀"这一句诗，透露出李白当时的孤立无援情形，其处境是非常不妙的。搁在今天，杜甫的行为恐怕会被网民的口水淹死。但是，我们并没有看到杜甫因此遭到世人的不齿。相反，他晚年携家漂泊巴蜀、荆湘一路，不但受到了许多做地方官的朋友的礼遇、照拂，不时还会有喜爱他诗歌的人，对他表达敬仰与崇拜之情。

尽管我们所处的时代，言论环境跟唐朝有所不同，但是，杜甫对李白、郑虔犯了"附逆谋反"之罪后态度依旧，友情愈炽，这对我们还是有所启发的：在选择政治正确与坚持友情人性之间，选择后者，更加具有永恒意义。政治正确与否，不过是"此亦一是非、彼亦一是非"之事，而友情人性会长留天地之间。倘若杜甫当时选择了跟李白、郑虔断交，不再来往，不作诗表示思念、关心，我敢肯定，今人只会觉其迂腐可笑，甚至会说他薄情寡义。然而，评论古人容易，自己处世艰难。人总是活在当下的，对于生存而言，选择当时的政治正确，比选择友情人性稳妥、实用。试问当今之人：在政治正确与友情人性之间，有几个会毅然决然选择后者呢？

辑三 | 杜甫的诗歌

唐诗中最深情的送别之作

　　唐代是中国古体诗歌的巅峰时期，佳作如林。单是送别类的诗歌，脍炙人口、妇孺皆知者，便是一长串名单：王勃《送杜少府之任蜀川》，王维《送元二使安西》，王昌龄《芙蓉楼送辛渐二首》，高适《别董大》，李白《黄鹤楼送孟浩然之广陵》《送友》，刘长卿《饯别王十一南游》，孟郊《古怨别》，柳宗元《衡阳与梦得分路赠别》《重别梦得》，韩愈《落叶送陈羽》，白居易《南浦别》，等等。

　　但是，我认为，若论送别者感情之深厚，论别离之"黯然销魂"，杜甫的《送郑十八虔贬台州司户，伤其临老陷贼之故，阙为面别，情见于诗》，要胜过以上名作。

　　玄宗天宝十五载（756）七月，安禄山攻占长安，未能逃出长安的部分朝廷官员，遭安禄山胁迫，被授予伪职。广文馆博士（类似于今天社科院文学研究所研究员）郑虔，被授予水部郎中一职。肃宗至德二载（757）十二月，朝廷对陷贼官员以六等论罪，三等罪流放贬斥。郑虔被定为次三等，被贬为台州司户参军（类似于今天的市民政局长）。

我们知道，郑虔大杜甫二十七岁，杜甫跟郑虔是忘年之交。天宝后期，杜甫困守长安，可能是老朋友苏源明的关系（苏源明天宝末年任国子监司业，即皇家大学副校长，是郑虔的顶头上司），杜甫跟郑虔相识。由于两人当时都处于贫困坎坷状态，心情都很郁闷，易生同病相怜之情；加上他们都爱好诗歌文艺、饮酒、游览胜景，趣味相投，因此很快便成为亲密的朋友。他们不但屡次结伴同游富贵人家的园林，一旦谁手中有点钱，还相聚饮酒。饮酒之时，大声吟唱诗歌。"得钱即相觅，沽酒不复疑"，"忘形到尔汝，痛饮真吾师"，"但觉高歌有鬼神，焉知饿死填沟壑"（《醉时歌》）。更重要的是，杜甫由于自身的坎坷，对郑虔的遭遇抱有强烈的不平之情。郑虔除了对历史有研究以外，也擅长诗歌、书法、绘画，唐玄宗曾有"郑虔三绝"的赞誉。但是，他的遭遇却很不幸，年过半百，只得了个清贫低微的广文馆博士。"诸公衮衮登台省，广文先生官独冷。甲第纷纷厌粱肉，广文先生饭不足"。杜甫外见郑虔之遭遇，内感自身之命运，遂发出了"德尊一代常坎坷，名垂万古知何用"这样沉痛的感慨，发出了"儒术于我何有哉，孔丘盗跖俱尘埃"这样愤怒的呐喊（《醉时歌》）。

以杜甫跟郑虔的深厚交情，以杜甫对郑虔人品的敬重、对郑虔才华的赏识、对郑虔遭遇的同情，当郑虔离开长安前往数千里之外的流放地时，于情于理，他都应该前去送别。但是，偏偏当时因为某种原因，杜甫没能当面送别。伤感之余，又多了一层无法弥补的遗憾。在这种情况下，杜甫写下了这一首送别诗，诗如下：

> 郑公樗散鬓成丝，酒后常称老画师。
> 万里伤心严谴日，百年垂死中兴时。
> 苍惶已就长途往，邂逅无端出饯迟。
> 便与先生应永诀，九重泉路尽交期。

一二句如写意画，画出郑虔当时自嘲落魄模样；三四句对郑虔的遭遇深表不平，认为他不该受到那样严厉的惩罚；五六句为自己未能及时亲往送别，表示遗憾；最后两句，为自己不可能跟郑虔有再见之日，感到悲哀。

对于这首诗中的感情，前人有说得非常好的。仇兆鳌："万里伤心，正为严谴之故。百年垂死，乃在中兴之时。严谴、中兴四字，含无限痛楚。"卢世㴶："虔之贬，既伤其垂老陷贼，又阙于临行面别，故篇中彷徨特至。如中二联，清空一气，万转千回，纯是泪点，都无墨痕。诗至此，直可使暑日飞霜，午时鬼泣……"

当然，若想真正理解杜甫对郑虔的感情，不应该只阅读这一首送别诗。人与人之间的感情，有一时之情，有终生不渝之情。一时之情，有可能是功利的，应酬的；而终生不渝之情，乃是纯粹的，真挚的。所以，要想充分了解杜甫在这一首诗中包含的对郑虔的深厚感情，不但要读在此之前杜甫写他们交往同游情形的诗，更要读杜甫在此之后抒发对郑虔怀念之情的诗，《题郑十八著作虔》《有怀台州郑十八司户》《八哀诗·故著作郎贬台州司户荥阳郑公虔》等。用心读过这些诗之后，才会真正了解到，杜甫对郑虔的感情是何等的真挚，何等的一往而深。

对诸葛亮的感情

杜甫对诸葛亮的感情非同寻常。主要证据是，杜甫携家流寓巴蜀期间，先后有近十首诗歌专门写诸葛亮，给予诸葛亮崇高的评价，表达了对诸葛亮深厚的怀念之情。"出师未捷身先死，长使英雄泪满襟"两句诗，曾令古往今来多少志士仁人、英雄豪杰，潸然泪下！历史人物，在杜诗中享受如此崇高待遇者，绝无仅有。

下面大致按照写作时间顺序，对其中几首主要诗歌略作串讲。

《蜀相》："丞相祠堂何处寻，锦官城外柏森森。映阶碧草自春色，隔叶黄鹂空好音。三顾频烦天下计，两朝开济老臣心。出师未捷身先死，长使英雄泪满襟。"前四句写诸葛亮祠堂之景，透出清幽荒凉；后四句写诸葛亮生平之事，"三顾""两朝"两句写明君、忠臣际会遇合，"出师""长使"两句写诸葛亮人生遗憾。这一首诗，杜甫对诸葛亮的感情，可以归纳为两点：一是羡慕，二是同情。羡慕诸葛亮，是因为他有幸得到了刘备三顾茅庐的赏识与任用；同情诸葛亮，是因为他最终没能完成统一天下、匡扶汉室的大业。杜甫本人，不但没能实现早年"致君尧舜上，再使风俗淳"的政治理想，就连去实现这理想的机会，也不曾得到过。

《武侯庙》："遗庙丹青落，空山草木长。犹闻辞后主，不复卧南阳。"前两句写景，后两句抒情，抒发的是对君臣遇合的艳羡之情。

《八阵图》："功盖三分国，名成八阵图。江流石不转，遗恨失吞吴。"前两句盛赞诸葛亮平生事业，后两句借江中之石感慨诸葛亮在对吴策略上的失误。这一首诗，杜甫对诸葛亮的感情也是两点：敬佩和同情。

《诸葛庙》："久游巴子国，屡入武侯祠。竹日斜虚寝，溪风满薄帷。君臣当共济，贤圣亦同时。翊戴归先主，并吞更出师。虫蛇穿画壁，巫觋醉蛛丝。欻忆吟梁父，躬耕也未迟。"这一首，表现的感情主要是对诸葛亮的羡慕，但情景穿插，荒凉凌乱的景象，更加衬托出诗人内心的落寞与惆怅。

《古柏行》："孔明庙前有老柏，柯如青铜根如石。霜皮溜雨四十围，黛色参天二千尺。君臣已与时际会，树木犹为人爱惜。云来气接巫峡长，月出寒通雪山白。忆昨路绕锦亭东，先主武侯同閟宫。崔嵬枝干郊原古，窈窕丹青户牖空。落落盘踞虽得地，冥冥孤高多烈风。扶持自是神明力，正直原因造化功。大厦如倾要梁栋，万牛回首丘山重。不露文章世已惊，未辞剪

168

伐谁能送。苦心岂免容蝼蚁，香叶终经宿鸾凤。志士幽人莫怨嗟，古来材大难为用。"这一首诗，以树喻人，表达对君臣遇合的艳羡、对无法避免的悲剧结尾的感慨。

《咏怀古迹五首》之五："诸葛大名垂宇宙，宗臣遗像肃清高。三分割据纡筹策，万古云霄一羽毛。伯仲之间见伊吕，指挥若定失萧曹。运移汉祚难恢复，志决身歼军务劳。"这一首，表面上是盛赞诸葛亮的名声、才智以及鞠躬尽瘁死而后已的品格，但实际上主要意思还是为诸葛亮的赍志而殁，感到遗憾。

纵观杜甫这些写诸葛亮的诗，有两点特别值得注意：

其一，杜甫明显有压低三国、抬高诸葛亮的意思。《蜀相》开篇就是"丞相"，说明在杜甫心目中，诸葛亮是正牌的宰相，正如仇兆鳌所言"尊正统名臣也"。"功盖三分国""大名垂宇宙"等赞语，都有如前人所言："小视三分，抬高诸葛。"（杨伦引陈秋田语）

其二，杜甫对诸葛亮虽然有敬佩、羡慕等感情，但是，最主要的还是同情。这说明，杜甫晚年，政治理想破灭后的落寞之情中，主要内容并非自身遭遇的不幸，而是社稷苍生的苦难。换言之，最令杜甫感到痛苦的事情，不是未能"立登要路津"，而是未能"致君尧舜上，再使风俗淳"。经历过人生坎坷，目睹了安史之乱对社稷苍生的荼毒，杜甫早年空洞的"致君""淳风俗"的梦想，也进而具体化为"穷年忧黎元，叹息肠内热""朱门酒肉臭，路有冻死骨""不眠忧战伐，无力正乾坤"等。

　　某种意义上，可以说，诸葛亮是杜甫人生理想的化身，他也渴望自己能像诸葛亮那样得到最高统治者的赏识与任用。但是，正如他在《古柏行》诗中所言，"古来材大难为用"。这说明，杜甫清楚地知道，跟诸葛亮一样，他的人生也必然会是以悲剧收场的。

怎样讽刺杨贵妃姊妹？

三月三日天气新，长安水边多丽人。

态浓意远淑且真，肌理细腻骨肉匀。

绣罗衣裳照暮春，蹙金孔雀银麒麟。

头上何所有？翠为匌叶垂鬓唇。

背后何所见？珠压腰衱稳称身。

就中云幕椒房亲，赐名大国虢与秦。

紫驼之峰出翠釜，水精之盘行素鳞。

犀箸厌饫久未下，鸾刀缕切空纷纶。

黄门飞鞚不动尘，御厨络绎送八珍。

箫鼓哀吟感鬼神，宾从杂遝实要津。

后来鞍马何逡巡，当轩下马入锦茵。

杨花雪落覆白蘋，青鸟飞去衔红巾。

炙手可热势绝伦，慎莫近前丞相嗔。

——杜甫《丽人行》

杜甫的《丽人行》是一首名诗，清代学者王夫之称其为"杜集中第一首乐府"，包括《唐诗三百首》在内的各种唐诗、杜诗选本，必选此诗。一般认为，它讽刺了杨国忠兄妹的骄奢淫逸。

从字面上看，这诗似乎是如实描写杨氏兄妹某次游览唐朝首都长安胜景曲江的情形：杨氏姊妹（杨贵妃、虢国夫人）肌肤细腻，身材匀称，装饰华丽；筵宴所用器皿、食材，极尽奢侈，音乐动听；出游队伍，宾客众多，护卫森严，常人不得靠近。

但其实，诗中充满了讥讽调侃的意味。那么，它的讽刺信息是怎样传递给读者的呢？

首先，诗句的语义变化，暗寓了讽刺意味。杨伦《杜诗镜铨》引蒋弱六云："美人相，富贵相，妖淫相，后乃现出罗刹相，真可笑可畏。"杨氏姊妹出场，诗人先写其身体美貌，次写其服饰富贵，次写其举止荒淫，最后写其气焰嚣张。犹如层层剥笋，依次剥去美貌、华丽外表之后，现出了她们淫乱、邪恶的本性。

其次，诗歌借鉴了《诗经·国风》、汉乐府的风格。其中对于杨氏姊妹相貌、服饰的描写，有如清人沈德潜、宋辕文等所指出的，杜甫明显学习了《鄘风·君子偕老》和汉乐府《羽林郎》的写法。《君子偕老》，讽刺卫夫人淫乱，"子之不淑，云如之何"。但诗中并不充斥着直白的责骂之词，而是极

172

写其身体的美丽、仪态的动人、服饰的华丽。"鬒发如云,不屑髢也"(秀发漆黑浓密,无需挽个假发髻),"……扬且之皙也。胡然而天也,胡然而帝也"(脸面白皙美丽,有如仙女、帝子下凡间),"子之清扬,扬且之颜也"(眉目清秀,容颜美丽);"委委佗佗,如山如河"(仪态万方移莲步,静如高山动如大河),"展如之人兮,邦之媛也"(盛装美女,不愧为邦国名媛);"副笄六珈"(玉簪、步摇、珍珠之类诸侯夫人饰品),"象服是宜"(鸟羽图案的袍子),"玼兮玼兮,其之翟也"(玉色鲜明,祭衣绘着野鸡图案),"玉之瑱也,象之挮也"(美玉做耳坠,象牙做簪子),"蒙彼绉絺,是绁袢也"(薄纱罩在透明的内衣外边)。

《羽林郎》中,描写当垆的胡姬(酒家女)的诗句,"长裾连理带,广袖合欢襦。头上蓝田玉,耳后大秦珠。两鬟何窈窕,一世良所无";描写饮食的诗句,"就我求清酒,丝绳提玉壶。就我求珍肴,金盘脍鲤鱼"。杜甫显然也有所借鉴。

由此可见,要真正读懂杜甫诗,需要对古代诗歌有相当的了解。

再次,诗人化用了两个历史典故。一是《诗经·君子偕老》讽刺卫夫人的淫乱,二是北魏胡太后与杨白花淫乱。前者是整首诗的化用,上文已经说过;后者是"杨花雪落覆白蘋"一句诗的化用。杨白花(后改名为杨华)跟胡太后私通一段时间后,惧祸,归降梁国。胡太后思念杨白花,作《杨白华歌》,诗中有"杨花飘荡落南家""愿衔杨花入窠里"等句。

杜甫这首诗的妙处主要在于，意在讽刺，但诗句用语典雅、铺张，貌似羡慕，"本是讽刺，而诗中直叙富丽，若深羡不容口者"（明钟惺语）。清人浦起龙说得不错，"无一刺讥语，描摹处语语刺讥；无一慨叹声，点逗处声声慨叹"。杜甫这首诗，可谓深得"言者无罪闻者足戒"的诗人之道、风人之旨。

诗中的"哭"字

清人袁枚《马嵬》诗云："石壕村里夫妻别，泪比长生殿上多。"指的是杜甫《石壕吏》诗所反映的唐朝普通百姓所经受的苦难，比起白居易《长恨歌》所反映的唐玄宗李隆基和杨贵妃之间的爱情悲剧，更加悲惨，更加值得同情。其实，诗圣杜甫不但善于表现百姓的苦难，善于描写百姓的泪水，同时，深挚的悲悯情怀和恻隐之心，也使得他成为中国文学史上眼泪流得最多的一位诗人！

我粗略统计了一下，杜甫现存的一千四百多首诗中，有五十多首直接用到"哭"字。没有出现"哭"字但有哭泣意思的诗篇，数量更多。

杜诗中的"哭"，可以根据哭这种行为的发出者（施事主语）的不同，分为诗人自己哭和诗中人物哭两大类。

杜甫本人的哭，主要有如下三种情况：

一种是为自己的命运而哭。例如，《天边行》："天边老人归未得，日暮东临大江哭。"《敬赠郑谏议十韵》："君见途穷哭，宜忧阮步兵。"《大历三年春白帝城放船出瞿塘峡久居夔府将适江陵漂泊有诗凡四十韵》："此生遭圣代，谁分哭穷途。"《暮秋将归秦，留别湖南幕府亲友》："途穷那免哭，身老不禁愁。"

一种是为跟亲友生离死别而哭。例如，《送樊二十三侍御赴汉中判官》："恸哭苍烟根，山门万重闭。"《阆州东楼筵，奉送十一舅往青城，得昏字》："临风欲恸哭，声出已复吞。"《送远》："亲朋尽一哭，鞍马去孤城。"《闻高常侍亡》："致君丹槛折，哭友白云长。"《哭王彭州抡》："再哭经过罢，离魂去住销。"《重题》："涕泗不能收，哭君余白头。"《哭李常侍峄二首》之二："风尘逢我地，江汉哭君时。"《哭韦大夫之晋》："素车犹恸哭，宝剑谷高悬。"《哭台州郑司户苏少监》："飘零迷哭处，天地日榛芜。"

一种是为国家社稷而哭。例如，《哀江头》："少陵野老吞声哭，春日潜行曲江曲。"《课伐木》："不示知禁情，岂惟干戈哭。"《壮游》："哭庙灰烬中，鼻酸朝未央。"《收京》："莫令回首地，恸哭起悲风。"《八哀诗·故司徒李公光弼》："吾思哭孤冢，南纪阻归楫。"

杜甫诗中人物哭，主要有如下几种情况：

一种是杜甫家人的哭。例如，《北征》："经年至茅屋，妻子衣百结。恸哭松声回，悲泉共幽咽。"《徒步归行》："妻子山中哭向天，须公枥上追风骠。"

一种是普通百姓的哭。例如，《兵车行》："爷娘妻子走相

176

送，尘埃不见咸阳桥。牵衣顿足拦道哭，哭声直上干云霄。"
《新安吏》："白水暮东流，青山犹哭声。"《遣兴三首》之二：
"老弱哭道路，愿闻甲兵休。"《喜雨》："巴人困军须，恸哭厚
土热。"《虎牙行》："征戍诛求寡妻哭，远客中宵泪沾臆。"《日
暮》："羌妇语还哭，胡儿行且歌。"《征夫》："十室几人在，
千山空自多。路衢唯见哭，城市不闻歌。"《阁夜》："野哭几
家闻战伐，夷歌数处起渔樵。"《白帝》："哀哀寡妇诛求尽，
恸哭秋原何处村。"

一种是鬼魂的哭。例如，《去秋行》："战场冤魂每夜哭，
空令野营猛士悲。"《对雪》："战哭多新鬼，愁吟独老翁。"《兵
车行》："……君不见青海头，古来白骨无人收。新鬼烦冤旧
鬼哭，天阴雨湿声啾啾。"

一种是动植物的哭。例如，《九日五首》之一："殊方日
落玄猿哭，旧国霜前白雁来。"《晓发公安》："邻鸡野哭如昨日，
物色生态能几时。"《春望》虽然没用"哭"字，意思、手法
完全一样："感时花溅泪，恨别鸟惊心。"

此外，也有历史故事中人物的哭。例如，《秦州见敕目薛
三璩授司议郎毕四曜除监察与二子有故远喜迁官兼述索居凡
三十韵》："独惭投汉阁，俱议哭秦庭。"《寄岳州贾司马六丈、
巴州严八使君两阁老五十韵》："哭庙悲风急，朝正霁景鲜。"
《建都十二韵》："永负汉庭哭，遥怜湘水魂。"

杜甫诗中的"哭"字如此之多，固然跟杜甫其人的性格
（善良、多情、敏感）和其诗的艺术手法（鬼魂、动植物的哭，

简直就是魔幻现实主义艺术手法的滥觞）有相当关系，更重要的原因则是，李唐王朝由盛转衰时期，国家、士人、百姓饱受皇帝昏庸、制度不公、奸佞当道、战争离乱等各种祸害之苦。现代诗人艾青，在《我爱这土地》一诗中有如下两句："为什么我的眼里常含泪水？因为对这土地爱得深沉……"相比之下，就没有杜甫诗中"哭"的内容丰富多样。艾青的诗写于1938年，表现的是抗日救亡之情；杜诗中的"哭"，跨越唐朝由盛转衰的二三十年时间，写出了人间的各种悲情。

哭穷的艺术

　　李白与杜甫，这两位中国文学史上最伟大的诗人，虽然是好朋友，但为人性情、诗歌风格却迥然不同。比如，诗歌风格上，李白偏于感性夸张，杜甫则偏于理性沉郁；谈到自己的家世境况，李白喜欢装阔，杜甫喜欢哭穷。李白装阔，那是因为他的家世来历说不清道不明——有学者认为他是胡人——因而需要掩饰；杜甫哭穷，是因为他的家世来历一清二楚，是书香官宦之家，祖父杜审言还是则天朝的著名诗人，没有隐瞒的必要。

　　杜甫哭穷，有为自己而哭的，也有为朋友而哭的，更多的则是替下层百姓哭的。

　　为自己而哭穷，杜甫是有目的的。那就是，希望得到当政者、皇帝的同情，步入仕途，实现其"致君尧舜上，再使风俗淳"的政治理想。为了打动权贵和皇帝，杜甫自然是尽量把自己的境况说得凄惨可怜一些。因此，同样的时期，同样的生活，在别的诗歌作品里，非但不凄惨可怜，反而显得颇为有趣、快乐。

另外一些诗歌中，杜甫的哭穷，表面上是为自己，而实际上是为了衬托其他地位比他更低、境况更差的人的穷苦。他更担心忧愁的是那些没有任何特权的底层百姓。《茅屋为秋风所破歌》，"布衾多年冷似铁，骄儿恶卧踏里裂。床床屋漏无干处，雨脚如麻未断绝。自经丧乱少睡眠，长夜沾湿何由彻"，杜甫家的境况虽然不妙，但是，他家毕竟有草堂，有茅屋，比起许多寒士来，情况要好得多。

替朋友哭穷，杜甫并非只是出于写实，他是为了进行社会现实批判，批判财富分配不合理的制度，批判德才兼备之人却饱受贫穷之苦的现实。例如，"……鲁之张叔卿、孔巢父二才士者，聪明深察，博辩闳大，固必能伸于知己，令闻不已，任重致远，速于风飙也。是何面目黧黑，常不得饱饭吃，曾未如富家奴，兹敢望缟衣乘轩乎"（《杂述》），这是为张叔卿、孔巢父哭穷。"诸公衮衮登台省，广文先生官独冷。甲第纷纷厌粱肉，广文先生饭不足。先生有道出羲皇，先生有才过屈宋。德尊一代常坎坷，名垂万古知何用"（《醉时歌》），"才名四十年，坐客寒无毡。赖有苏司业，时时与酒钱"（《戏简郑广文虔，兼呈苏司业源明》），这是为好朋友郑虔哭穷。

为底层百姓哭穷，是杜甫诗歌创作的一项重要内容，许多名篇均属此类。例如"三吏"中的《石壕吏》，"三别"中的《新婚别》和《垂老别》、《无家别》，夔州时期的《负薪行》。

值得一提的是，杜甫看到百姓的穷困境况之后，还努力揭示出根源，寻求解决之道。例如，在贬官华州司功参军期间，杜甫出的华州进士策问考题，就有这样一道："欲使军旅足食，则赋税未能充备矣；欲将诛求不时，则黎元转瘣与疾苦矣"，指出社会矛盾之后，问考生有何应对之策。

杜甫的哭穷，因其有为自己而哭的部分，而真实可信；因其有为朋友而哭的部分，而真挚感人；因其有为底层百姓而哭的部分，而深厚博大；因其犀利指出造成百姓贫穷的原因，而深刻震撼。诗圣之伟大，由此可见一斑。

写雨水的艺术

哲学讲万物变化，强调条件，离开条件，许多事情将无从评判。记得某德籍革命导师说过大意如下的话：比如下雨，脱离条件，我们将无法判断其好坏优劣。的确如此。同样是雨水，有时候是好东西，有时候是祸害，一定数量时是好东西，超过一定数量便成了祸害；总之，不能一概而论。

杜甫作诗议论雨水，艺术手段相当高明。既能打动人心，又不给他人留话柄。概括言之，杜甫雨水诗的艺术，主要有如下三项手段：

一、既写喜雨诗，也写苦雨（喜晴）诗，态度辩证，进退有据。喜雨诗有《喜雨》（春旱天地昏）、《喜雨》（南国旱无雨）等，苦雨诗有《苦雨奉寄陇西公，兼呈王征士》《临邑舍弟书至，苦雨黄河泛溢堤防之患，簿领所忧，因寄此诗，用宽其意》等。大致来说，杜甫是春天做喜雨诗，秋天做苦雨诗。可能是杜甫不曾遭遇夏季大暴雨，也可能是唐朝都城排水工程做得好，夏季暴雨不至于造成人员伤亡，因此未能引起诗圣的关注，将其写入诗歌。最有意思的是，杜甫有一首诗，"皇天久不雨，既雨晴亦佳"云云，题目有作《喜雨》的，也有作《喜晴》的。

二、喜雨不作含糊语，清楚交代诗人喜的具体原因。请看《春夜喜雨》这首名作："好雨知时节，当春乃发生。随风潜入夜，润物细无声。野径云俱黑，江船火独明。晓看红湿处，花重锦官城。"这是春雨，众所周知，春雨贵如油；这是小雨，它像个无名英雄，夜来日去，无声地滋润万物，未导致出现泽国景象，更未导致"人或为鱼鳖"的严重后果；这是送来美景的雨，一场夜间小雨，使得锦官城（成都）的鲜花更加鲜艳，更加美丽。

三、升华雨水的功能。喜雨如果只是能解渴，能润物，能使农业丰收，这喜也就稀松寻常；苦雨如果只是有害庄稼，不便行路，导致洪水泛滥，这苦也苦得有限。杜甫的喜雨、苦雨，都能有更高层次的心意、更令人感动的境界。《喜雨》"安得鞭雷公，滂沱洗吴越"，据说有借雨水平定东南地区叛乱的含意。《秋雨叹三首》"雨中百草秋烂死，阶下决明颜色鲜。著叶满枝翠羽盖，开花无数黄金钱。凉风萧萧吹汝急，恐汝后时难独立……"杜诗专家仇兆鳌说，杜甫这是意在揭露、讽刺宰相杨国忠为了讨好皇帝，粉饰太平，掩盖霖雨成灾的事实，同时还有替为官正直的朋友房琯担忧的意思。

看吧，就是在写貌似无关紧要的雨水时，他都有这样精深细致的艺术讲究。诗圣值得后人学习的地方，实在是太多，太多。

长安雨灾

对北京居民而言，2012 年的 7 月 21 日，将是终生难忘的日子：一个向以缺水闻名的北方城市，竟然因为数小时的暴雨，二度变成水乡泽国，人或为鱼鳖。据官方公布的数字，这一天，北京地区死于洪水、泥石流、雷击、触电、房屋倒塌、高空坠物等原因的人数，就多达七十七名。

暴雨成灾，编年体史书中屡见不鲜。但是，在科学技术如此发达的二十一世纪，有如此众多的死亡人数，实在有些匪夷所思。

我不由得想起了唐朝的一次雨灾，杜甫在诗歌里写过这次雨灾。

这次雨灾，史书里有所记载。《资治通鉴》卷二百一十七云：天宝十三载（754）七八月间，关中一带阴雨连绵，唐玄宗李隆基"忧雨伤稼"。奸相杨国忠专门选了一些长得好的庄稼，献给李隆基。说是雨水虽多，对庄稼并没有危害。李隆基

185

信以为真。扶风太守房琯上书报告水灾，杨国忠指使御史，罗织他的罪名。"是岁，天下无敢言灾者。"

其实，是史臣寡闻，天下有敢言灾的，他就是诗人杜甫。杜甫一口气写了三首以《秋雨叹》为题的诗歌，如下：

　　　　雨中百草秋烂死，阶下决明颜色鲜。
　　　　著叶满枝翠羽盖，开花无数黄金钱。
　　　　凉风萧萧吹汝急，恐汝后时难独立。
　　　　堂上书生空白头，临风三嗅馨香泣。

　　　　阑风长雨秋纷纷，四海八荒同一云。
　　　　去马来牛不复辨，浊泾清渭何当分。
　　　　禾头生耳黍穗黑，农夫田妇无消息。
　　　　城中斗米换衾裯，相许宁论两相直。

　　　　长安布衣谁比数，反锁衡门守环堵。
　　　　老夫不出长蓬蒿，稚子无忧走风雨。
　　　　雨声飕飕催早寒，胡雁翅湿高飞难。
　　　　秋来未曾见白日，泥污后土何时干。

三首诗，第一首描写决明子草虽经淫雨而生机不减，不像其他百草，被雨水沤烂而死。文学史家多认为，杜甫这是拿决明子比喻君子身处乱世的危险，逃得过秋雨，却逃不过秋

186

风。第二首写雨水之大、之持久，以及对庄稼危害之烈，对物价影响之巨。不难想象，当时包括长安在内的关中地区，一定是洪水泛滥。第三首写雨水对像自己一样的平民百姓的生活的影响，困居家中，以至于门外长满了蓬蒿。不懂事的孩子在风雨中奔走嬉戏，反衬出诗人的忧愁深重。

有论者说，杜甫写这三首诗，是为了揭穿杨国忠的谎言。我认为，这是可能的。但诗的实际意义，绝不局限于此。除了本身的艺术性和审美价值，我们今天还可以根据它们所描写的长安雨灾，来跟当今的北京雨灾做一个比较：同样是大雨，同样是首都，1258 年前的长安，却只是庄稼受害、物价飞涨、百姓困居家中，而"7·21"北京大雨，除了这些后果之外，还死了这么多人！根据诗圣写诗，对于百姓的苦难从来不加讳言的特点，我们有理由相信，当年长安应当没有死于雨水之人。

雨水面前，现代人的生命反而比古代脆弱的事实，暴露了许多现代化设施的致命缺陷：市政排水工程设计标准过低，道路尤其是高速公路管理缺乏防患意识，输电线路缺少应急断电设置，消防队之类救灾机构机械设备不足……不胜枚举。

我认为，如今搞市政设计的专家，都有必要去好好地学习一下古人（包括唐朝、明朝、清朝的人）是如何建设一个城市的。古人云，"城以盛民"，绝不能儿戏视之！

诗歌里的美食

　　杜甫是一位始终关注现实、富有生活情调的诗人，他的诗歌在广阔、深刻地反映现实社会的种种矛盾的同时，也饱含热情地描写了不少他自己日常生活的真实情形。这里就来说一说他的诗歌里描写的他自己所品尝过的食物。

　　王安石说杜甫一生是"饿走半九州"（《杜甫画像》），杜甫在慨叹一位朋友的人生时说过这样一句话："吾辈碌碌饱饭行"（《可叹》），都可谓杜甫的人生写照。比较起那些一生都在锦衣玉食中度过、从来不知道什么是饥饿的人来，杜甫自然更能体会食物的重要与美味。然而，杜甫毕竟出身于地主阶级，他的一生基本上也都混迹于上流社会之中，在长安时曾频繁出入达官贵人的府第，任左拾遗的一年多时间里，可能见识过宫廷筵宴，漂泊西南荆湘期间也每每跟当地的地方长官沾亲带故，颇受礼遇，屡为席上嘉宾。就是说，杜甫是见识过不少美食的。此外，从杜甫的诗歌看，他又是一个能杂食的人，山珍海味、粗茶淡饭，皆能兼收并蓄，因而入诗的食物就不会单调。以上三个方面的原因，使得杜甫成为唐代诗人中首屈一指的美食达人。

先说瓜果。杜甫由于没有到过岭南的广东、海南等地区，吃过的水果当然没有宋代苏东坡那么多。但是，他的诗歌里也曾提到过几种瓜果。在成都的时候，曾有一位老农送他满满一竹筐的红樱桃，"万颗匀圆讶许同"，大小相同，质量上佳。这使他想起当年在朝廷做官的时候，曾经得到皇帝赏赐的樱桃（《野人送朱樱》）。不用说，杜甫是吃过樱桃的。在夔州时，夔州都督柏茂琳曾经派人给杜甫送了许多瓜果，"倾筐蒲鸽青，满眼颜色好"。倾筐就是满筐，蒲鸽是当地出产的一种瓜果的名字，大约类似西瓜吧。杜甫吃瓜颇有讲究，"竹竿接嵌窦，引注来鸟道"，就是说用竹竿当水管，从悬崖绝壁接来冰冷的山泉。做什么？"沉浮乱水玉"，他要冰镇后才食用。冰镇之后的瓜果，"落刃嚼冰霜"，不啻一道消夏佳品（《园人送瓜》）。杜甫在别处还有"瓜嚼水精寒"的诗句，不难想象，杜甫是喜欢吃瓜的，而且经常用"沉李浮瓜"这种传统方法冰镇瓜果之后再享用。他很会吃。

次说饮料。饮料分软饮料和酒类两种，酒不必说了，有人统计过，他现存的一千四百多首诗歌里，带酒字的有三百多首，可见杜甫一生几乎从未断过酒。"潦倒新停浊酒杯"（《登高》），恐怕只是他一时的牢骚话。杜甫的诗歌里不见任何酒名，但是，可以肯定他是有机会喝到当时许多名酒的。严武

189

送给他一瓶青城山道士酿制的乳酒，他为之专门写了一首诗，"山瓶乳酒下青云，气味浓香幸见分"云云（《谢严中丞送青城山道士乳酒一瓶》）。这实在是难得的记录。在成都，杜甫跟他妻子杨氏一起划船，看着他们的小儿子在江里游泳戏水，喝着甘蔗汁，感到非常美好。有诗为证，"……茗饮蔗浆携所有，瓷罂无谢玉为缸"（《进艇》）。携带着甘蔗汁，想喝就喝，十分方便；盛甘蔗汁的瓷罐子又跟玉石一样漂亮，赏心悦目。听起来都会让人垂涎三尺呢。杜甫早年在长安求官期间，提到过一种冷饮和一种小菜：冰水、藕丝。那是一次冶游时的食品，"公子调冰水，佳人雪藕丝"。冰水是公子们调制的，应该是加了香料的冰水，比如薄荷水；藕丝是小姐们制作的。雪，是刨制的意思（《陪诸贵公子丈八沟携妓纳凉，晚际遇雨二首》其一）。

再说小吃。杜甫是在黄河流域出生、长大的北方人，但是早年与晚年都有在南方长江流域生活的经历，他是南北通吃，各地小吃一定品尝过不少。但是，给他印象最深刻的，还数夔州期间吃到的一种地方小吃：槐叶冷淘。槐叶冷淘的制作方法大致是："青青高槐叶，采掇付中厨。新面来近市，汁滓宛相俱。入鼎资过熟，加餐愁欲无。碧鲜俱照箸，香饭兼苞芦。经齿冷于雪，劝人投比珠……"可见是一种取槐叶汁和面，蒸熟、冷却后食用的食品，有人说类似今天的凉面。这种小吃是如此美味，以至于他都想着要敬献给皇帝。他认为，那会是皇帝纳凉时一种不错的点心（《槐叶冷淘》）。杜甫因此被后人评为忠君模范，说他"一饭未尝忘君"。

杜甫见识过宫廷菜，必定知道若干宫廷菜的制法。可惜的是，他的诗歌里并没有正面予以描写，只是在批评性的诗句里有所透露。"紫驼之峰出翠釜，水精之盘行素鳞……御厨络绎送八珍"（《丽人行》），"劝客驼蹄羹，霜橙压香橘"（《自京赴奉先县咏怀五百字》）。里边提到驼峰、驼蹄羹和生鱼鲙。不知何故，杜甫独独对"驼峰""驼蹄"之类原料做的菜肴耿耿于怀。

杜甫爱吃鱼。诗歌里几次提到过他吃生鱼鲙的情形，也提到过夔州那地方人们顿顿吃"黄鱼"的情况。"家家养乌鬼，顿顿食黄鱼"（《戏作俳谐体遣闷二首》其一）。"乌鬼"历来有神灵、鬼魂、猪、鸬鹚几种不同说法，我以为鸬鹚较近情理。鸬鹚捉鱼，故能顿顿吃鱼。所可奇怪的是，吃的是黄鱼。所谓黄鱼就是鳝鱼。鳝鱼色黄，《黄鱼》诗描写黄鱼云"泥沙卷涎沫，回首怪龙鳞"，可以作证。杜甫肯定也是吃过这种黄鱼的，他说过"求饱或三鳝"的话（《秋日夔府咏怀奉寄郑监、李宾客一百韵》）。三鳝，有杜诗注家就指出，意思同"顿顿食黄鱼"。四川一带多江河，吃鱼的机会自然比较多。杜甫绝非抱残守缺之人，乐于接受他乡食物。有客人到访，他也会烹鱼款待。有"呼儿问煮鱼"为证（《过客相寻》）。在夔州住了两年，急于出三峡，去跟已经到达江陵的一位弟弟会合，想到江陵府的好处，有"白鱼如切玉，朱橘不论钱"两句（《峡隘》）。

杜甫一生，以在四川成都、夔州一带生活较为安定，所作诗歌也比较接近日常生活。而那个时期，杜甫已经离开官场，基本上是过着隐居农耕生活的自由人。那个时期，他所描写的自家饭食多是普通的农家饭。主要食物材料有稻米、秋葵（《茅堂检校收稻二首》）、芋头（《秋日夔府咏怀奉寄郑监、李宾客一百韵》）、菰米、锦带（《江阁卧病，走笔寄呈崔卢两侍御》）。杜甫大概牙齿、肠胃都不太好，一直喜欢比较软的米饭。"软炊香饭缘老翁"（《阌乡姜七少府设脍，戏赠长歌》），"老藉软俱匀"（《茅堂检校收稻二首》其二）。其中，杜甫似乎特别喜欢白米饭。"饭抄云子白"（《与鄠县源大少府宴渼陂》），"玉粒未吾悭"，"稻米炊能白"（《茅堂检校收稻二首》）。

杜甫家接待客人的情形，写到两次，都是在成都期间。一次是接待一位姓崔的县令，就是著名的《客至》诗所描写的，"盘飧市远无兼味，樽酒家贫只旧醅"。一次是严武携带酒菜来访，因为是仲夏时节，天气炎热，杜甫就在竹林里接待这位当时川西地区最高军政长官。"竹里行厨洗玉盘"（《严公仲夏枉驾草堂，兼携酒馔，得寒字》）。

杜甫接受他人宴请的描写，至少有四次值得说一说。一次是跟郑虔一同受邀，去一位姓何的将军家，游览他的私家园林。"鲜鲫银丝脍，香芹碧涧羹"（《陪郑广文游何将军山林十首》其二），有生鱼脍。看样子，饭菜的档次不低。杜甫最津津乐道的生鱼脍是一位姓姜的阌乡县的官员朋友招待的那次。时当严冬，姜姓朋友弄到冰封了的黄河里的一种鱼（有人说是

"味鱼"），考虑到杜甫的牙齿、肠胃不好，特意煮了锅软一些的米饭。这一次的生鱼鲙，厨师当面给他们表演了切鲙过程，使得杜甫格外有兴致。事后，还把这个过程写进诗里，"饔人（厨师）受鱼鲛人（渔民）手，洗鱼磨刀鱼眼红。无声细下飞碎雪，有骨已剁觜春葱"（《阌乡姜七少府设鲙，戏赠长歌》），十分生动。从这里我们可以了解到，当时的生鱼鲙是切成薄片或细丝的。

最令杜甫感激的一顿饭，来自他的朋友王倚家。"遣人向市赊香粳，唤妇出房亲自馔。长安冬菹酸且绿，金城土酥净如练。兼求富豪且割鲜，密沽斗酒谐终宴"。从这里我们认识了当时两种好吃的地方特产：长安的腌酸菜，金城（兰州一带）的酥饼。前者碧绿，后者雪白。这一顿饭杜甫吃得十分满意，最后情不自禁地发出这样的感慨："但使残年饱吃饭，只愿无事长相见！"（《病后遇王倚饮，赠歌》）

最令读者我感动的一顿饭是，杜甫一个姓卫的朋友招待他的一顿十分简单的晚饭。"……问答未及已，儿女罗酒浆。夜雨剪春韭，新炊间黄粱。"有酒，有黄粱米饭，但蔬菜只有韭菜之类，可见简单至极。但是，战争年月，人生聚散无定，偶然受到这样的招待，感受到朋友家的天伦之乐，想起下一次相见不知道在何年，天下何时能太平——"明日隔山岳，世事两茫茫"（《赠卫八处士》），谁能不百感交集呢！

为什么没有写过海棠花？

诗人写什么不写什么，原本没有一定之规。可是，一旦有人指出谁没有写什么，似乎也可以成为一个问题，乃至口水横飞，众说纷纭。

杜甫在四川居住前后有十年，写过不少花草树木，但是，他流传后世的诗集中，没有出现过"海棠"两个字。杜甫死去一百余年之后，诗人郑谷到四川，看到那里的海棠花挺漂亮，于是写了如下一首绝句：

> 浓淡芳春满蜀乡，半随风雨断莺肠。
> 浣花溪上堪惆怅，子美无心为发扬。

最后一句，似乎是替海棠花感到委屈，其实不过是一种赞美海棠花的笔法。

郑谷的这个笔法相当别致。因此，后来的诗人，尤其是宋代诗人，就颇有起而效仿的。例如，王安石在一首咏梅花的诗里就有"少陵为尔牵诗兴，可是无心赋海棠"两句；苏轼的一首赠妓诗是这样写的："东坡居士闻名久，为何无诗赠李宜？恰似西川杜工部，海棠虽好不题诗。"东坡的意思是，自己之所以没有给这位叫李宜的妓女写过诗，不是因为她色艺欠佳，她的色艺是非常出色的；女诗人朱淑真在其《海棠》诗中也有"少陵漫道多诗兴，不得当时一句夸"两句。

所有这些，我认为，都属于诗人之间的句法模仿与借用，并非对此事真实性的好奇与考据。

可是，郑谷的别致诗句与王安石、苏轼、朱淑真等人的句法模仿，到了一些学究式人物那里，马上就变成了一个学术问题，煞有介事地探讨起来。说起来，头头是道。四川向有"海棠国"之名声，居川十年的杜甫竟然没写过海棠；宋人很喜欢海棠，但被他们当作老祖宗顶礼膜拜的诗圣竟然没有写过咏海棠的诗……这样重要的问题，不搞清楚怎么可以呢？

于是，便出现了种种猜谜式的探讨。

有人说，那是避讳所致。杜甫母亲名叫海棠，按照唐人名讳习俗，杜甫不能将母亲名字写入诗歌。

有人说，那是因为杜甫处于动乱年代，没有咏海棠的闲情逸致。

有人说，杜甫净忙着写"三吏""三别"之类关心时弊民瘼的作品了，无暇顾及花草树木。

…………

自然，也有另一些人站出来反对这些论点。

有人说，杜甫没有写过海棠很正常，因为那个年代，海棠还不是诗人们普遍关注的花卉品种。除了王维写过之外，李白、韩愈、柳宗元、元稹、白居易等人都没有写过海棠。

有人说，杜甫避母亲名讳的说法是无稽之谈。"杜甫母亲，一个北方老太太，没有听说她的故乡河南巩县能够生长多么繁茂的海棠。在杜甫母亲起小名的时候，海棠不是诗的意象。因此，她根本不可能用海棠当乳名"。

有人说，杜甫在成都居住时，"安史之乱"渐息，社会趋于安定，而且他在此时也留下了大量的闲适诗。如其《江畔独步寻花绝句》组诗，就是专门写花的。并且举出"黄四娘家花满蹊，千朵万朵压枝低"等诗句为例，认为满蹊的花中，不可能没有海棠。

…………

都说事情是越辩越明的，但我看杜甫诗中为什么没有"海棠"二字这个问题，是例外，是越说越乱的事情。知名文学史专家嘴里，"杜甫母亲，一个北方老太太……"这样未经思考的话都说得出来，哪里还有可能把事情辩论清楚！——据我所知，世上没有谁的母亲，一出生就是老太太的；没有哪个女子，是需要等到变成老太太，才取名字的；没有谁规定，取名字一定要用当地盛产事物的名称；众所周知，杜甫的母亲，可是出身于清河崔氏，是唐朝最显赫家族的闺秀！

听来听去，双方聒耳烦心的论争，我觉得只有清人李渔的说法，稍微豁达一点儿。李渔说："杜甫再善于做诗，也不可能物物吟到。一旦有一样东西没有提到，后代人就要拉出他的父母来说事，做一个才子也实在太难了。"

总而言之，我的意见是：杜甫诗中没有出现过"海棠"二字，这根本不成其为一个问题，因而没有讨论的必要。一定要将其作为问题，也是一个永远讨论不清楚的问题。

《石壕吏》中的老翁是逃兵吗？

　　　　暮投石壕村，有吏夜捉人。老翁逾墙走，老妇出门
　　看。吏呼一何怒！妇啼一何苦！听妇前致词："三男邺城
　　戍。一男附书至，二男新战死。存者且偷生，死者长已
　　矣！室中更无人，惟有乳下孙。有孙母未去，出入无完裙。
　　老妪力虽衰，请从吏夜归。急应河阳役，犹得备晨炊。"
　　夜久语声绝，如闻泣幽咽。天明登前途，独与老翁别。

　　　　　　　　　　　　　　　　　　　——杜甫《石壕吏》

　　一般的读者在读到这首诗歌时，大约都会对石壕村这位
老翁一家的悲惨遭遇产生同情之心，对捉人的官吏产生厌恶之
情。但是，2003 年，有一位研究者发表了一篇题为《杜甫〈石
壕吏〉中的老翁和石壕吏》的论文，提出一种新说法："《石
壕吏》中之老翁，乃一对国家社稷无责任心、逃避兵役之逃
兵"，而"捉人的石壕吏只不过是在执行公务而已，或者说他

是一位法律的执行者"。稍后，他又发表了一篇题为《〈石壕吏〉中老翁和石壕吏两个人物的历史本来面目》的论文。观点依旧，主要论据也基本一样，只是阐述稍微详细了一点儿，篇幅加长了四五倍。

讲话听音，敲锣听声。这样的文章，我相信，任何以汉语为母语的读者都会读出如下的意思：这位研究者在谴责老翁，在为石壕吏鸣不平。

这样的新说法引起了另一位研究者的不满。次年，他也在那家著名期刊上发表论文——《〈杜甫《石壕吏》中的老翁和石壕吏〉辨讹》，针对那篇短文所提出的论据——天宝年间是否仍旧是府兵制（简单地说，类似今天的民兵，平时种地，战时入伍），"老翁"的年龄是否超过六十岁，石壕吏的行为是否执行当时国家最高命令等——逐一进行了反驳。

提出新说法的研究者，当然不会轻易放弃自己的观点。2005 年，我参加四川省杜甫研究年会，会上又看到了那位学者提交的反批驳论文《〈《杜甫〈石壕吏〉中的老翁和石壕吏》辨讹〉辨讹》，对反驳者的论文所提出的论据逐条进行了"辨讹"。他不但坚持老翁是逃兵、吏是执法者的观点，语气上也大大加重，他说："石壕吏是法律的执行者应是铁案如山，不可移易"，"《石壕吏》中的老翁是一个逃兵，同样铁案如山，不可移易"。

我当然不能同意这位研究者的说法，我认为，历史问题，是很难有什么铁案的。即使有，也不可能这么轻易就被他定

199

瓛。他们双方所提出的文献证据，都有进一步探讨的必要，也有必要扩大研究视野。经过一番冷静的、深入的探讨，或许能够得到一个较为客观的结论。

但是，我这里想要说的是，对于一首诗歌、一篇文学作品的理解，能不能像那位研究者那样简单地用所谓的法律规定去套，用现代观念评价古代百姓的行为？

我认为不能。文学的意义在于唤起人们对人的尊重，唤起人们心底的恻隐之心。毫无疑问，杜甫的《石壕吏》做到了这一点。而像这位学者那样的简单套用和古事今说，等于自觉扮演缺少人文情怀的低水平法官，拿着既不合情也不合理的法律条文（一个家庭三个儿子都已经在战场上，其中两个已经捐躯，他的父亲竟然还是征兵的对象，这是什么法律？！——从老妇被带走之后，次日老翁可以跟诗人作别看，这一次"夜捉人"，很可能是一次中下级官吏的塞责行为，抓丁充数，完成任务，未必得到最高统治者的准许，未必有法律依据），去抹煞文学的意义。一个低水平的法官，怎么有资格研究文学呢？他根本理解不了文学。这位研究者希望别人不要把他"说成是一位没有同情心之人"，不要把他"说成是一个冷血动物"。我们可以答应他的这个要求，但是无法不对他作出这样的评价：他根本不懂诗歌，不懂文学。

中国古代文人，大多具有关心百姓疾苦的情怀。有不少人，虽然身在体制之内（官场），却能对体制及其执行者持批评的态度。杜甫写作《石壕吏》的时候，官拜左拾遗，是皇帝的"近侍之臣"。尽管这个时候他因为替房琯说话，惹怒肃宗李亨，不被待见了，但他毕竟还是朝廷的命官。杜甫能够对石壕村的老翁的行为采取宽容的态度，对他家的遭遇深表同情，明确表达对官吏的厌恶之情（"吏呼一何怒"）。我以为是难能可贵的。

清代著名诗人袁枚在一首题为《马嵬》的诗中有这样两句："石壕村里夫妻别，泪比长生殿上多。"名士诗人有如此关心百姓疾苦的情怀，我认为是难能可贵的。

读古代诗歌，我们经常可以读到士大夫批评政府制度的作品，宋代不少仕途通达的诗人（例如范成大），曾经饱含感情地控诉过当时的税收制度给下层百姓造成的苦难。我认为是难能可贵的。

试问：今天有几个政府官员胆敢写文章批评一下当今的不合理制度呢？

难道说，关心底层百姓疾苦的情感已经过时了？

"国破山河在"的"国"指什么？

　　杜甫名诗《春望》，"国破山河在，城春草木深。感时花溅泪，恨别鸟惊心……"可谓脍炙人口，妇孺皆知。但是，对其中词语、诗意的理解，仍然不免见仁见智，大有切磋商讨的必要。例如，宋代著名学者司马光所指出的杜甫诗歌含蓄有言外之意，"国破山河在"表示没有余物，"城春草木深"表示没有人迹等，恐怕就不是一般读者想得到的。

　　这里不打算讨论诗歌艺术鉴赏方面的问题，只说一说对其中一个字的解读，即开篇第一个字，"国"，究竟指什么。众所周知，古代汉语中，"国"字包括"国家""国都"两个义项。例如，《商君书》中的"治世不一道，便国不必法古"中的"国"指国家，而屈原《九章·哀郢》中的"出国门而轸怀兮"中的"国"则指国都，当时楚国京城郢。那么，《春望》"国破山河在"的"国"应该是指国家还是国都长安呢？

　　我看到有些人把这"国"字解读为国都。例如：上海辞书出版社 1983 年版的《唐诗鉴赏辞典》《春望》条，有这样的说法："开篇即写春望所见：国都沦陷，城池残破……"；江苏教育出版社 2009 年版初中语文课本八年级（上册），注释是：[国]国都，指长安（今陕西西安）。

但是，我认为，从杜诗语言的出典、唐诗中"国"字尤其是"国破""破国"等词语的使用情况以及上下文看，这个"国"字，还是解读为"国家"更好一些。

仇兆鳌《杜诗详注》指出《春望》"国破山河在"中"国破"的出典是《齐国策》，"王蠋曰：国破君亡，吾不能存。"司马迁《史记·田单列传》相关的记载是："王蠋曰：'忠臣不事二君，贞女不更二夫。齐王不听吾谏，故退而耕于野。国既破亡，吾不能存；今又劫之以兵，为君将，是助桀为暴也。与其生而无义，固不如烹！'"燕国入侵，齐国只剩下了莒和即墨两座城池没有沦陷，齐湣王亡命于莒。燕国国王派使者向王蠋劝降。这是王蠋拒绝投降时说的一番话。《齐国策》的"国破"，显然是指齐国国土沦陷，而不是齐国首都（今山东临淄）沦陷。

唐诗中，"国"用于指国家、国都的都有，例如：岑参《送人赴安西》"小来思报国，不是爱封侯"，是指国家；杜甫《奉赠韦左丞丈二十二韵》"甫昔少年日，早充观国宾"，是指当时的国都长安。但是，"国破""破国"中的"国"，似乎都是泛指国家，而没有专指国都的。例如：杨乘《吴中书事》"名归范蠡五湖上，国破西施一笑中"，李商隐《牡丹》"终销一

203

国破，不啻万金求"，司空图《秦关》"虎狼秦国破，狐兔汉陵空"，岑参《献封大夫破播仙凯歌六首》之三"鸣笛擂鼓拥回军，破国平蕃昔未闻"，汪遵《咏酒二首》之一"后人不识前贤意，破国亡家事甚多"，周昙《三代门·又吟》"千妖万态逞妍姿，破国亡家更是谁"。尽管有多首唐诗是面对前代都城而兴起"国破""破国"感慨的，但揣摩诗意，也不是专指故都，而是泛指国家。例如：裴瑶（一系刘瑶名下）《阖闾城怀古》"五湖春水接遥天，国破君亡不记年"，罗邺《春望梁石头城》"柳碧桑黄破国春，残阳微雨望归人"。

解读诗歌，离不开上下文。杜甫《春望》虽是五言律诗，但除了尾联以外，其他各联，联内词语有严整的对应关系。"国破山河在，城春草木深"，"国"对应"城"，一大一小，一面一点。倘若将"国"解读为国都，则两者都是指城池，语义简单重复，叠床架屋。再者，"城春草木深"，"草木"指生长于"城"中之草木无疑，相应的，"国破山河在"，山河亦当指存在于"国"中之山河。试问：长安城中可有什么山河？

综上，我认为，"国破山河在"的"国"字，应该解读为国家，而不是国都。

《江南逢李龟年》的诗意来源

岐王宅里寻常见，崔九堂前几度闻。

正是江南好风景，落花时节又逢君。

杜甫《江南逢李龟年》一诗，字面上看，无疑是一首十分通俗易懂的作品。此诗向称名作，有人誉之为"千秋绝调"（爱新觉罗·弘历［乾隆］《唐宋诗醇》卷十八），有人认为即使由擅长绝句的王昌龄、李白来写，也无法超越（清·黄生《杜诗说》）。总之这是一首播在人口的名篇，千百年来被人们反复吟诵着。对这首诗进行注释、鉴赏的工作，历来就没有间断过。唐诗中，李商隐的《锦瑟》历来被认为是难以索解之作，杜甫的《江南逢李龟年》则似乎从来没有被人这样看待过。而实际上，要深入全面地理解这首诗，绝非易事。

至少，我所见的种种说解，对于这首诗的诗意所在都未能阐发得尽洽我心。

就像有学者指出的，假如单以字面意思来理解这首诗，不过是："我在岐王和崔涤那里经常看到你，听到你唱歌，现在，在晚春，我在江南又遇到你了。"①是没有什么诗意可言的，因此不能算是一首诗，更遑论好诗。可是，这却是千百年来公认的一首好诗。那么，它的诗意究竟是从哪里来的呢？

这首诗的诗意来源，至少可以分析为如下七个层次：

第一层诗意来自景物的转换。诗中虽然有"寻常见""几度闻""又逢"的字样，也就是说，杜甫跟李龟年的见面机会有多次。但是，诗人使用了一个"又"字，实际上就等于将他们的见面分成了两回，即：诗的前两句代表一回，诗的后两句代表一回。前一回的见面场所虽然有岐王宅、崔九堂的不同，但可以合并为"富贵人家"，地点一般认为是在当时的东都洛阳（有学者认为是在长安，这一点闻一多先生驳论甚详，可以采信。参看闻氏《少陵先生年谱会笺》）。前后两回景物的不同是：前者是王侯达官的宅第，后者是暮春的落花飘零。稍加引申，就是：前者是人间景物，后者是自然景物；前者是富贵气象，后者是美好季节（春季）的残余；前者皆为实景（宅第、厅堂），后者乃是虚景（落花，什么花、多少花都没有交代）。景物从人间富贵转换为自然残季，从实景转为虚景，必然引起人的失落、惆怅、空虚之类的情感。而这类情感，从来都是中国抒情诗歌的一大永恒的主题。

---

① ［美］宇文所安：《追忆》，郑学勤译，生活·读书·新知三联书店2004年版，第4页。原书作"我在岐王和崔湜……"崔湜显然为崔涤之误。

第二层诗意来自见面数量的变化。诗人跟李龟年的见面，早期是"寻常"，是"几度"，后者是一次。对此我们可以这样分析：早期见面是必然的、容易的，后期见面是偶然的、不容易的。人生总是喜聚恶散。必然、容易见面，在当时也许并不觉得怎样可喜可贵，但是后来回忆起来，总是难得的、珍贵的；偶然、不容易见面，多愁善感的人，都会产生漂泊、无奈之类的情感。两者对照，就会益发鲜明地衬显出作诗时的落寞情怀。这种落寞情怀，细心的读者都会感觉得到。

第三层诗意来自人物命运的前后变化。只要对这首诗进行注释，哪怕是最简明的注释，也一定会说明一下李龟年其人。综合唐代郑处诲《明皇杂录》卷下和范摅《云溪友议》卷第六的记载，我们知道，李龟年是玄宗开元年间最有名的歌者，会谱曲，其中《渭川曲》旋律精妙，当时曾广泛流传，因此深受玄宗李隆基的宠爱，待遇十分优厚。李龟年在洛阳通远里大兴土木，修建了规模、豪华程度都"逾于公侯"的宅第，其宅第中堂的宽敞在当时的洛阳是无与伦比的。安史之乱爆发之后，李龟年没能跟随李隆基到四川，而是流落到了潭州（今湖南长沙）一带。"每遇良辰胜景，为人歌数阕，座中闻之，莫不掩泣罢酒"（《明皇杂录》）。当时李龟年在当地官员的筵席之上演唱的歌曲，有《相思》，"红豆生南国，春［秋］来发几［故］枝。愿君多采撷，此物最相思"；有《伊州歌》，"清风明月苦相思，荡子从戎十载余。征人去日殷勤嘱，归雁来时数附书"，都是王维的作品。可以说，李龟年相当于今天的流行歌曲明星。在其中一次当地官员的筵席上演唱的时候，杜甫见到了他，于是有了这一首著名的诗歌。可见，李龟年是一个曾经繁华、如今归于落魄的人物，他的人生今昔有着强烈的反差。李龟年的遭际命运，足以令人感慨系之。

诗人杜甫的命运虽然没有李龟年那么大的起落，但是也经历了一定的变化。当李龟年吉星高照、蒙受宠爱的时候，杜甫也开始在诗坛崭露头角了。杜甫虽然还没有得到朝廷的实际认可，还没有中进士，也没有得到一官半职，但是，他的心里是充满自信的，"自谓颇挺出，立登要路津"；理想也很高远，"致君尧舜上，再使风俗淳"（《奉赠韦左丞丈二十二韵》）。不难想象，杜甫当年的心情是愉快的。此时杜甫已经历尽坎坷，饱尝了人情冷暖的眼色与世味。"羁旅知交态，淹留见俗情。衰颜聊自哂，小吏最相轻"（《久客》）。这是杜甫前两年在公安县见到李龟年时的感慨。杜甫在临离开四川梓州（今三台县）时作的两句诗，很好地概括了他的今昔境况，"昔如纵壑鱼，今如丧家狗"（《将适吴楚，留别章使君留后，兼幕府诸公，得柳字》）。

诗歌涉及人物李龟年和诗人自身命运两端的反差，这种人生的今昔对比，是感动读者、引起感伤共鸣的重要内容。

第四层诗意来自对人生荣衰的命运过程的反思与追问。一个有相当诗歌阅读素养和人生阅历的读者，绝不会将自己的联想停留在今昔两个端点上，而会从这两个端点出发，一点点用自己的阅读经验和人生体验，填满整个过程。根据史书记载，诗中所说的岐王、崔九都死于开元十四年（726）。也就是说，杜甫在他们府上见到李龟年、听李龟年唱歌，大约都在开元十三年，那一年杜甫十四岁。他们在"江南"也就是潭州重逢，是代宗大历五年（770），这一年杜甫五十九岁。两回见面隔了四十五年。这四十五年之中，杜甫我们是比较了解的，李龟年虽然因为缺少文献记载，无法了解，但是，其人生肯定也是酸甜苦辣咸五味俱全的。谁的人生会是几十年一跃而过的呢？人到垂暮，难免回忆往昔、反思过去，这四十多年的时间、经历，值得回忆、反思的内容肯定是无比丰富的。这里边，自然少不了关于功名利禄、荣辱毁誉、爱恨情仇、世事轮回、生老病死的感慨。

第五层诗意来自对国家、百姓命运的联想。忧国忧民是儒家思想熏陶下的中国文人的一个传统，也是中国抒情诗言志的一方面重要思想内容，杜甫在这方面又是一位堪称典范的诗人。从开元十三四年到大历五年的四十余年，中间有持续近八年的内战时期——安史之乱。"国破山河在，城春草木深"（《春望》），战争给国家、给百姓造成的灾难是多方面的、无比深重的。随着李唐王朝从此一蹶不振，由盛转衰，百姓的生存境况也日趋恶劣。杜甫之所以写作这一首诗，肯定不是只为了交代他在潭州重逢故人李龟年这一私人事件本身。了解一点儿唐代这一段历史的读者，是很容易产生这种联想和感慨的。

第六层诗意来自若干细节的仔细品味。专家级的读者是不会放过任何细节的。对于总共只有二十八个字的一首七言绝句,又是"语不惊人死不休"的伟大诗人杜甫的作品,更不会放过任何蛛丝马迹。诗中岐王和崔九都曾经是喜欢接待文人的王侯达官,杜甫这么直接地写出他们的名号,多少会有一些怀念的用意。岐王李范乃唐睿宗第四子,原名隆范,后来为了避免跟李隆基重字改为单字名。"范好学工书,雅爱文章之士,士无贵贱,皆尽礼接待"(《旧唐书》本传,新传也有相似记载)。关于崔涤,史书虽然没有明确记载他接待文士的事迹,但是新旧《唐书》都记载了他是善于论辩、喜欢开玩笑的人,"性滑稽善辩,帝恐漏禁中语,以'慎密'字亲署笏端"(旧传),他显然属于平易近人、口没遮拦一类人物。杜甫应该是喜欢跟这样的人交往的。李范的岐王封号是他父亲睿宗生前给的。李隆基继位后,他先是担任太子少师,接着,历任绛州、郑州、岐州刺史,后来升迁为太子太傅。死去的开元十四年,被追赠为惠文太子。按照史书称述惯例,杜甫似乎应该称李范为太子。称其为岐王,可能隐含着诗人的讽喻之意。史书记载,玄宗表面上做出信任、宽待兄弟的样子,但是他对王公们的交游有着严格的限制,"……禁约王公,不令与外人交纳"。一些曾经跟李范有过诗酒往来的人,例如驸马都尉裴虚己、万年县尉刘庭琦、太祝张谔等都遭到了贬谪处罚(旧传)。杜甫自己虽然没有受到处罚,但是他对这种规定一定是有所不满的。

杜甫称李龟年为"君",其中也有文章。杜甫当年在洛阳见到李龟年时,李龟年已经是众星捧月的席上红人、当朝皇帝宠爱的人,来头自然小不了。而杜甫只是叨陪末座的少年,那个时候，他恐怕还不太容易跟李龟年说上话。诗的头两句，也可以理解为有自我介绍之意——杜甫记得当年的李龟年，李龟年却未必记得当年的杜甫。"见""闻"措辞的矜持，也可以印证这一点。杜甫诗中，"君"通常用于称呼亲密朋友。例如，《梦李白二首》有"君今在罗网""三夜频梦君，情亲见君意"等句。杜甫跟李龟年未见有特别的交往、交情，单独这一首诗称呼李龟年为"君"，不免有些突兀。或者，潭州重逢的时候，杜甫觉得他们的地位、身份都已经发生了变化，李龟年沦落为谋生歌手，杜甫则是当地长官的亲友或宾客，而且是"大名诗独步"（韦迢《潭州留别杜员外院长》）的诗人。杜甫这样称呼李龟年，多少有些怜惜对方的色彩。从此不难看出诗人的心细如发。

第七层诗意来自文本的外部语境。任何文学作品都既不是横空出世，也不是遗世独立的，有着纵横交错的各种联系、参照物存在。在杜甫的全部诗歌中，论人物类型、内容和结构，《江南逢李龟年》都有一个姊妹篇，那就是《观公孙大娘弟子舞剑器行》。作《江南逢李龟年》一诗三年以前，大历二年（767），杜甫在夔州一位地方官员家的筵席上看到一位剑器舞者的表演，当得知那舞者就是当年著名的剑器舞者公孙大娘的弟子李十二娘的时候，诗人就深情地回忆起了自己儿时一次观看公孙大娘舞蹈演出的情形，对公孙大娘的舞蹈艺术给予了高度的赞赏。诗中的人物公孙大娘是跟李龟年同时、齐名的宫廷艺人，可见人物相同。李十二娘原本也当是宫廷御用舞者，可见也跟李龟年一样，都是从宫廷流落民间的艺人。他们的经历，都是"梨园弟子散如烟"的一部分。虽然一为七古，一为七绝，字数悬殊，但是，内容、结构都没有本质的差别，只是详略不同而已。黄生看出了《江南逢李龟年》"与《观公孙大娘弟子舞剑器行》同意，今昔盛衰之感，言外黯然欲绝"，堪称慧眼。杜甫之外，别的诗人也有同类或者相近的作品。这一类作品当然是很多的，举例来说，早于杜甫的李峤前后两次让玄宗动情感叹的《汾阴行》是这样的作品，诗曰："山川满目泪沾衣，富贵荣华能几时？不见只今汾水上，唯有年年秋雁飞。"晚于杜甫的白居易《琵琶行》和刘禹锡《金陵五题·乌衣巷》也是这一类的作品。这些同类的诗歌作品，当然也是同中有异的。无论同异，都有助于读者加深对作品本身诗意的理解。

我不同意一些研究者肯定一点否定其余，或者自己提出一种新说便贬低、推倒前人旧说的习惯做法，我认为，对于《江南逢李龟年》这样的作品是可以进行不同层次的理解的。任何用自己一时发明或者借用的理论，轻易地就否定他人的观点，是不足为训的。

一首艳情诗

　　这里来谈一首杜甫比较特别的诗。这首诗，在我所见过的杜诗选本中，都没有它的踪影。也就是说，这是一首非著名的杜诗。但是，我认为，这首诗非常值得推荐给广大的读者。

　　这首诗的题目是《风雨看舟前落花，戏为新句》，唐代宗大历五年（770），也就是杜甫生命中的最后一年春天（杜甫卒于当年冬天，在长沙与岳阳之间自家的小船上），写于潭州，即今天长沙。全诗如下：

> 江上人家桃树枝，春寒细雨出疏篱。
> 影遭碧水潜勾引，风妒红花却倒吹。
> 吹花困懒傍舟楫，水光风力俱相怯。
> 赤憎轻薄遮入怀，珍重分明不来接。
> 湿久飞迟半欲高，萦沙惹草细于毛。
> 蜜蜂蝴蝶生情性，偷眼蜻蜓避伯劳。

写诗人在船上所看见的情形，细致入微。这首诗可以分为三节，每四句为一节。第一节写风雨中的落花。春雨霏霏的江边，谁家的桃树，有几棵枝条逸出于疏朗的篱笆墙外。桃花蘸水开放，仿佛是被多情碧绿的春水所引诱。桃花灼灼，美艳无比，惹起了春风的妒意；春风尽力把桃花吹离水面，不让她跟碧水有亲密的接触。第二节写小船前的桃花。碧水、春风处于相持状态，看起来似乎是碧水不敢再引诱桃花，春风也不敢继续吹拂桃花，桃花于是困倦慵懒地傍着小船。可能是担心自己靠近诗人的怀抱会落下轻薄的名声，让人讨厌，桃花就矜持地跟诗人保持着距离。第三节写诗人看到落花引起的相关情节。素来喜欢追逐花香的蜜蜂蝴蝶，由于翅膀被春雨沾湿，飞不高，飞不快，堕落在沙地细草之间。由于意兴阑珊，它们之间往日亲密的关系，似乎也生疏了起来。蜻蜓偶然穿花飞过，本想偷眼观看一番桃花的，可是猝然间看到了凶恶的伯劳鸟，只好匆匆飞走。留给即将零落的桃花的，只有孤独而已。

我认为，这一首诗老少咸宜，不同性情的人皆可阅读，值得所有人仔细回味。

天真烂漫的少年儿童，可以把它当作生动有趣的童话剧看。忧郁而害羞的桃花，多情的碧水，嫉妒的春风，不幸的蜜蜂蝴蝶，胆怯的蜻蜓，凶恶的伯劳，是剧中的全部角色。它们在春雨霏霏、一江流淌的背景下，上演了一出微妙而扣人心弦的戏剧。

饱经沧桑的成年人，可以把它看作悲情人生的写照。人的一生，可能有过绮色的梦想，有过朦胧的情怀，有过唾手可得的爱恋。但是，一切美好的事情，总是会遭遇种种的阻挠、破坏，难以如愿，往往只能在绝望和孤独中老去。品味再三，感慨无穷。

文学评论家、文学史家，可以看出诗情画意，看出构思巧妙，看出语言"纤巧秾艳，遂为后来词曲之祖"（王嗣奭《杜臆》语）。

宋人王禹偁说"子美集开诗世界"。这首诗是一个例子，它开启了后来艳情词的先河。杜甫诗越读越觉得好，杜诗集中好诗太多，这首诗也是一个例子。它说明，即使是杜甫一首非著名的作品，只要用心去读，也可以读出好处，读出妙处。

最幽默的诗

前面有一篇题为《杜甫很幽默》的文字，列举了不少杜甫幽默的诗证。例如《饮中八仙歌》生动传神地描写了先后在长安生活过的八位嗜酒人士各具特点的憨态、醉态，《北征》写乱世中儿女可笑的衣着和模仿母亲的化妆行为，《遭田父泥饮，美严中丞》写了一个鲁莽但真诚豪爽的农民形象。这些诗，都足以令读者忍俊不禁，开怀大笑；这些诗，身上没有特别多幽默细胞的人是绝对写不出来的。这世界并不缺少可以令人解颐的笑料，缺的是一双发现笑料的眼，一颗善于发现趣味的心。

那一节文字，遗漏了一组诗，其实，那才是杜诗所有现存诗歌作品中最幽默的：《覆舟二首》。诗如下：

> 巫峡盘涡晓，黔阳贡物秋。
> 丹砂同陨石，翠羽共沉舟。

羁使空斜影，龙宫閟积流。
篙工幸不溺，俄顷逐轻鸥。

竹宫时望拜，桂馆或求仙。
姹女凌波日，神光照夜年。
徒闻斩蛟剑，无复囊犀船。
使者随秋色，迢迢独上天。

　　唐肃宗李亨痴迷道家修炼成仙那一套，派出采办丹药的
使者，四处搜罗，运往京城。结果，有一艘满载丹药的船只在
巫峡触礁沉没了。一向反对求仙问道的杜甫得知消息后，写下
了这两首诗——可能是杜甫在作了一首之后，意犹未已，又另
写一首。因此，两首诗内容颇多重复。
　　这两首诗有这么一个明显的特点：词语典雅。在典雅语
句的背后，却暗藏着讽刺之意。"羁使空斜影，龙宫閟积流"
（使者溺水而死，丹药沉入水底），"使者随秋色，迢迢独上天"
（使者死后灵魂升天），杜甫是幸灾乐祸的。形成鲜明对照的
是，对于篙工落水之后仍能逃生，则以"篙工幸不溺，俄顷逐
轻鸥"两句轻轻带过，欣慰之情溢于言表。仔细品味，读者是
会为杜甫的幽默拍案叫绝的！

诗中的女性

　　一部杜甫诗集，有如唐朝社会的百科全书，政治、军事、经济、文化学术、市井民俗、自然山水，无所不包，内容丰富多彩。然而，它又有百科全书所没有的许多东西，比如真挚深厚的情感、鲜活生动的人物。杜甫诗中的女性形象，基本上都能令人过目不忘，其中有一部分显然已经跻身中国文学史人物画廊不朽形象的行列。

　　杜甫诗中的女性形象，大致可以分为三类：美的女性、贤的女性、苦的女性。

　　美的女性，可以再分为三类：妆扮美、容貌美、技能美。

　　女性的妆扮美，杜甫诗中描写到的，主要有衣着、化妆、配饰。"绣罗衣裳照暮春，蹙金孔雀银麒麟。头上何所有，翠为匌叶垂鬓唇。背后何所见？珠压腰衱稳称身"（《丽人行》），盛唐皇帝最宠爱的妃子杨玉环的亲姐姐，权倾朝野的宰相杨国忠的堂妹，身上衣饰缤纷，有如戏曲舞台上的戏装。华丽则华丽矣，但不免过于珠光宝气。"越女红裙湿，燕姬翠黛愁"（《陪诸贵公子丈八沟携妓纳凉，晚际遇雨二首》），唐朝的妓女，白天陪公子哥游玩划船，有人穿红色裙子，有人画翠绿眉毛，色彩鲜艳夺目的背后，是她们性格的奔放热烈。一般而言，描写美女，都是装扮、容貌一起写的，但是，杜甫诗中也有只写装扮不写容貌的。例如《即事》："百宝装腰带，真珠络臂鞲。笑时花近眼，舞罢锦缠头。"虽然只见饰品，不见身段、眉眼、神情，但是，我们分明能够感觉到是有一位活生生的美女存在的。难得的是，对于妓女，杜甫诗中并没有任何道学家的说教与鄙视。

对女性容貌的美，杜甫心目中的标准一点儿也不特别，有多发、黑眉、明眸、皓齿、细腰、白肤等。其中，"白肤"最令杜甫念念不忘。描写杨氏姐妹是"态浓意远淑且真，肌理细腻骨肉匀"（《丽人行》），描写自己妻子是"香雾云鬟湿，清辉玉臂寒"（《月夜》），描写官员家妓有"愿携王赵两红颜，再骋肌肤如雪练"（《春日戏题恼郝使君兄》），几十年之后还在想着"越女天下白，鉴湖五月凉"（《壮游》），晚年漂泊到湖南不忘来一句"楚女腰肢亦可怜"（《清明二首》之一）。一首《虢国夫人》（一说张祜所作），别出心裁，写出了女性的无妆之美："虢国夫人承主恩，平明骑马入宫门。却嫌脂粉浣颜色，淡扫蛾眉朝至尊。"这就是传说中的素面朝天。对于肌肤细腻白皙的女性，淡妆乃至无妆，也是美丽动人的。

女性技能的美，杜甫诗中提到的，主要是音乐和舞蹈方面的技能。例如，《城西陂泛舟》有"青蛾皓齿在楼船，横笛短箫悲远天……鱼吹细浪摇歌扇，燕蹴飞花落舞筵"；《渼陂行》有"湘妃汉女出歌舞，金支翠旗光有无"；《数陪李梓州泛江有女乐在诸舫，戏为艳曲二首赠李》有"江清歌扇底，野旷舞衣前。玉袖凌风并，金壶隐浪偏。竞将明媚色，偷眼艳阳天"，有"白日移歌袖，清霄近笛床。翠眉萦度曲，云鬓俨分行"。杜甫诗集中有两首集中表现唱歌、跳舞的诗。表现唱歌的是《听杨氏歌》，全诗是："佳人绝代歌，独立发皓齿。满堂惨不乐，响下清虚里。江城带素月，况乃清夜起。老夫悲暮年，壮士泪如水。玉杯久寂寞，金管迷宫徵。勿云听者疲，愚智心尽死。古来杰出士，岂待一知己？吾闻昔秦青，倾侧天下耳。"表现手法是，从不同年龄的听众（老夫、壮士）的反应说明歌者的艺术魅力。表现舞蹈的是《观公孙大娘弟子舞剑器行》，这首因大历二年（767）十月十九日在夔州（今重庆奉节）一位地方官员家里观看了一位从宫廷散出的女舞蹈家的剑器舞，在"感时抚事增惋伤"心情下所作的诗歌，是表现唐代舞蹈艺术动人魅力的绝唱："昔有佳人公孙氏，一舞剑气动四方。观者如山色沮丧，天地为之久低昂。燿如羿射九日落，矫如群帝骖龙翔。来如雷霆收震怒，罢如江海凝清光。"不用说，这位开元天宝年间宫廷中剑器浑脱舞造诣最高（"先帝侍女八千人，公孙剑器初第一"）的女舞蹈家（公孙家大小姐），是星光熠熠万众敬仰的超级巨星。她的弟子李大娘（李家大小姐），"临颖美人在白帝，妙舞此曲神扬扬"，也是一位出色的舞者。

女性的贤，杜诗中描写过的，主要有：热情款待丈夫的朋友，富有生活情趣，情感丰富但通情达理，具有牺牲精神。

《病后遇王倚饮，赠歌》："惟生哀我未平复，为我力致美肴膳。遣人向市赊香粳，唤妇出房亲自馔。"杜甫困居长安期间，贫病交加，充分领略了世态的炎凉，许多曾经往来密切的朋友都远远地躲着他，只有王倚，一点儿也不嫌弃他，看他满脸病容，便想方设法为他弄好吃有营养的东西，"遣人向市赊香粳，唤妇出房亲自馔"。于是，在杜甫面前就出现了一桌具有浓郁地方风味的佳肴，主人自然是殷勤作陪，热情地劝酒，"长安冬菹酸且绿，金城土酥净如练。兼求富豪且割鲜，密沽斗酒谐终宴"。杜甫是见过世面享过口福的人，但是，这一顿家常便饭，可能是因为主人家境并不富裕，已经是尽力筹办了，杜甫吃过之后，感觉特别好，"故人情义晚谁似，令我手脚轻欲漩"，最后甚至发出了"但使残年饱吃饭，只愿无事常相见"的感喟。这一首诗，并未出现女主人的正面形象，但是，不难想象，女主人也跟她丈夫一样，是富有同情悲悯之心的人，非一般势利市井之辈所能同日而语。

杜甫是中国古代诗人中少见的愿意一再将家人包括妻子日常生活的点滴写入作品之人，一般人都对其家人尤其是妻子只字不提，讳莫如深。杜甫诗中，他的妻子弘农杨氏，是一位能跟他同甘共苦、富有生活情调的美丽女人（《月夜》诗"香雾云鬟湿，清辉玉臂寒"是最好的证据）。《遣兴》诗，有"世乱怜渠小，家贫仰母慈"两句。可见，杜甫对于杨氏乱世中

221

辛勤鞠育子女，是心怀感激之情的。《北征》诗，写杜甫从左拾遗任上获准回家省亲，给家人带了如下礼物："那无囊中帛，救汝寒凛栗。粉黛亦解苞，衾裯稍罗列。"有绫罗绸缎等好衣料，也有胭脂粉黛之类化妆品。透过礼品看女主人，不难看出，她是一位爱美爱打扮的女性。成都期间，杜甫一家相对安定的生活情境中，有两次出现杨氏的形象，《江村》："老妻画纸为棋局，稚子敲针作钓钩。多病所须惟药物，微躯此外更何求？"《进艇》："……昼引老妻乘小艇，晴看稚子浴清江。俱飞蛱蝶元相逐，并蒂芙蓉本自双。茗饮蔗浆携所有，瓷罂无谢玉为缸。"亲自制作弈棋道具，并陪丈夫下两盘，能跟丈夫一起划船玩……杜甫的妻子，是个活泼有趣有才艺之人，这跟一般人想象中的大门不出二门不迈的古代女子形象，恐怕有些出入吧。《进艇》中有"俱飞蛱蝶元相逐，并蒂芙蓉本自双"两句，显然是在以蝴蝶、并蒂芙蓉比喻诗人夫妻的缠绵与幸福。一千多年之后的我们，读到这样的诗句，都不免要起一身的鸡皮疙瘩。

《石壕吏》中的"老妇"，为了掩护丈夫（"老翁逾墙走"），自己开门应对前来抓丁的官吏。哭诉哀求都没有效果，她最终只能请求官吏准许自己代替丈夫服役，"急应河阳役，犹得备晨炊"。结果，她当夜就被带走了。这位妇女的自我牺牲精神，非常感人。

杜甫诗中最通情达理的女性，当数《新婚别》中姓氏俱无的新婚女子。嫁给一位即将出征的男人，她有无尽的遗憾和哀怨。但是，经过种种内心的纠结，反复斗争，她还是强忍悲伤，说出了安慰、勉励丈夫的话语，"勿为新婚念，努力事戎行"。最后，对其深情告白，"与君永相望"！

苦的女性，苦法多多。请看：

杜甫身边有不少苦的女性。他妻子杨氏即是其中之一。《羌村三首》之一"夜阑更秉烛，相对如梦寐"；《北征》"经年至茅屋，妻子衣百结。恸哭松声回，悲泉共幽咽"；《飞仙阁》"浮生有定分，饥饱岂可逃。叹息谓妻子，我何随汝曹"（这是正话反说，其实表达的意思是，妻子因为跟了自己吃尽苦头）；《百忧集行》"入门依旧四壁空，老妻睹我颜色同。痴儿未知父子礼，叫怒索饭啼门东"。一再地分离，贫穷，跋山涉水，丧子，她都经历过。嫁给杜甫之后，她的舒心日子实在不多。杜甫的妹妹也是一个，《乾元中寓居同谷县作歌七首》之四："有妹有妹在钟离，良人早殁诸孤痴。"因为相距遥远，杜甫想去看望她，也一直难以实现。

杜甫不是一个眼光只在自家亲人范围内打转的诗人，他胸怀王朝，放眼天下。普天下一切不幸的苦女，都在他悲悯心空的笼罩之下。

《垂老别》，丈夫应征入伍，老妻悲痛得哭倒在路上，但是一边哭一边没有忘记叮嘱丈夫要注意保暖，要吃饱饭。明明知道这是有去无回的死别，但还是有这么多的叮咛。执着、深沉的爱，令人动容，催人泪下。

《佳人》："绝代有佳人，幽居在空谷。自云良家子，零落依草木。关中昔丧败，兄弟遭杀戮。官高何足论，不得收骨肉。世情恶衰歇，万事随转烛。夫婿轻薄儿，新人已如玉。合昏尚知时，鸳鸯不独宿。但见新人笑，那闻旧人哭。在山泉水清，出山泉水浊。侍婢卖珠回，牵萝补茅屋。摘花不插发，采柏动盈掬。天寒翠袖薄，日暮倚修竹。"诗中的佳人，文学史家有认为是真有其人的，有认为是诗人的寄托的，看法不同。但是，有一点，大家的看法肯定是一致的：都认为诗中遭遇不幸的"绝代佳人"，是非常美丽的。

《捣衣》诗："亦知戍不返，秋至拭清砧。已近苦寒月，况经长别心。宁辞捣熨倦，一寄塞垣深。用尽闺中力，君听空外音。"诗中并没有出现一个女性形象，但是，秋夜用力捣衣的军嫂，却是实实在在存在着的。她（们）将心中对丈夫的牵挂、爱，都转化为捣衣的力量。

在夔州期间，杜甫注意到一个社会问题：许多女子四五十岁了，都无法嫁人结婚，只能做剩女，干最辛苦的活。《负薪行》："夔州处女发半华，四十五十无夫家。更遭丧乱嫁不售，一生抱恨长咨嗟。土风坐男使女立，应当门户女出入。十犹八九负薪归，卖薪得钱应供给。至老双鬟只垂颈，野花山叶银钗并。筋力登危集市门，死生射利兼盐井。面妆首饰杂啼痕，地褊衣寒困石根。若道巫山女粗丑，何得此有昭君村？"因为地处偏僻，谋生不易，也因为战乱，男人大量战死沙场，男女比例失调。

《咏怀古迹五首》之三，群山——荆门、昭君村——朔漠——青冢——春风——月夜，忽大忽小、充满张力的诗句，说的其实都是一个人：无奈之下远嫁匈奴单于的王昭君。名垂青史的美丽女子，内心也充满了外人难以领会的怨尤和无奈。

《又呈吴郎》，事情原本不大，就是希望姓吴的亲戚住进自己的房子之后，不要在屋子四周扎上篱笆，因为有个邻居是"无食无儿一妇人"。从前为了充饥，经常会到杜甫家屋边打枣吃。自从这位姓吴的亲戚插上篱笆之后，她就再也不能打枣充饥了。但是，杜甫把它上升到了对一切因为战争失去丈夫、生活陷入穷困的女人的悲悯情怀，和对造成这些悲剧的社会制度的反思与批判。

纵观杜诗全集，可以说，杜甫对于女性有三种感情：同情、欣赏和尊敬。作为生活在男尊女卑时代的文人，杜甫的情怀、境界是其同时代的绝大部分人所望尘莫及的。这，大概也是杜甫之所以成为"诗圣"的原因之一吧。

杜甫描写、表现女性，往往有其独到之处。最具创意、最值得后人学习的诗篇，莫过于《咏怀古迹五首》之三，即写王昭君的一首。全诗如下：

群山万壑赴荆门，生长明妃尚有村。

一去紫台连朔漠，独留青冢向黄昏。

画图省识春风面，环佩空归夜月魂。

千载琵琶作胡语，分明怨恨曲中论。

这首诗，至少有如下几个引人注目的艺术特点：

首先，王昭君及其故事被醒目地放置在历史的时空（时：黄昏、千载、月夜；空：群山万壑、村、紫台、朔漠、青冢）中进行叙述，使故事和人物具有了凝重、深远的意义。但是，杜甫并非一味地加重这种意义。他通过笔触宏观、微观的跳跃变化，使故事始终具有细节的真实性，使人物形象始终是血肉丰满的。诗中视野阔大的句子跟细致入微的句子交替使用，极富张力，具有震撼人心的力量。

其次，诗中没有一句议论的话，只是在客观地讲述故事，但诗人的爱憎、褒贬，却能完整、准确地传达给读者，丝毫不会令人觉得隐晦含糊。清人李子德十分赞赏这一点，他说："只叙明妃，始终无一语涉议论，而意无不包，后来诸家总不能及。"

此外，诗的开头两句，具有千钧之力，立即攫住读者的全部注意力，调动起读者的全部兴奋细胞。清人吴瞻泰在其《杜诗提要》中说："发端突兀，是七律中第一等起句，谓山水逶迤，钟灵毓秀，始产一明妃。说得窈窕红颜，惊天动地。"说得好极了，诗中的王昭君形象，是可以惊天地泣鬼神的。

杜甫的柔情你读懂了吗？

　　网络上曾流行"杜甫很忙"漫画，杜甫被化身为各种动漫人物，有戴墨镜的，有骑机车的，有手中握枪的，形象很酷。玩一玩，娱乐一下，无可厚非。但是，请别忘了，杜甫之所以被称为"诗圣"，千百年来受到崇高的礼遇，他的诗歌，人们代代相传，吟诵不辍，绝非因为他是一个酷酷的名人，而是因为，他是一个充满柔情的诗人。

　　梁启超先生称杜甫为"情圣"，理由是："因为他的情感的内容，是极丰富的，极真实的，极深刻的。他表情的方法又是极熟练，能鞭辟到最深处，能将他全部完全反映不走样子，能像电气一般一震一荡的打到别人的心弦上。"（《情圣杜甫》）

　　对朋友的柔情。杜甫结交朋友有个特点，"脱略小时辈，结交皆老苍"（《壮游》），就是不愿意跟同龄人玩儿，结交的多是比自己年长者。比如说，郑虔比他大十八岁，房琯比他大十六岁，李白比他大十一岁。因此，他有不少悼念亡友的机会，"飘零迷哭处，天地日榛芜"（《哭台州郑司户苏少监》）。为这些先他死去的朋友，杜甫流了太多的眼泪，其中尤以对李白最为深情。虽然李白比杜甫大十一岁，但是在杜甫眼里，李白就是一个不懂人情世故的天才大男孩。他赞扬李白的诗才，同情李白的遭遇，在李白犯了众怒之时，替他辩护。"白也诗无敌，飘然思不群"（《春日忆李白》），"李白一斗诗百篇，长安市上酒家眠"（《饮中八仙歌》），"敏捷诗千首，飘零酒一杯"（《不见》），"冠盖满京华，斯人独憔悴"（《梦李白二首》之二），"痛饮狂歌空度日，飞扬跋扈为谁雄"（《赠李白》），"世人皆欲杀，吾意独怜才"（《不见》）。

对穷苦百姓的柔情。"穷年忧黎元，叹息肠内热"（《自京赴奉先县咏怀五百字》），"彤庭所分帛，本自寒女出。鞭挞其夫家，聚敛贡城阙"，"朱门酒肉臭，路有冻死骨"（《自京赴奉先县咏怀五百字》），"三吏""三别"，每一篇都是杜甫的动情之作。《垂老别》："老妻卧路啼，岁暮衣裳单。孰知是死别，且复伤其寒。此去必不归，还闻劝加餐。"《新安吏》："肥男有母送，瘦男独伶俜。白水暮东流，青山犹哭声。莫自使眼枯，收汝泪纵横。眼枯即见骨，天地终无情。"《石壕吏》："三男邺城戍，一男附书至：二男新战死。存者且偷生，死者长已矣。"清人袁枚有诗句云"石壕村里夫妻别，泪比长生殿上多"（《马嵬》）。《又呈吴郎》："堂前扑枣任西邻，无食无儿一妇人。不为困穷宁有此，只缘恐惧转须亲。"细小之事，见

228

出用情真切。《茅屋为秋风所破歌》："安得广厦千万间，大庇天下寒士俱欢颜，风雨不动安如山。呜呼！何时眼前突兀见此屋，吾庐独破受冻死亦足！"境界之高，常人不可企及。

对歌姬舞女的柔情。《陪诸贵公子丈八沟携妓纳凉，晚际遇雨二首》："落日放船好，轻风生浪迟。竹深留客处，荷净纳凉时。公子调冰水，佳人雪藕丝。片云头上黑，应是雨催诗。雨来沾席上，风急打船头。越女红裙湿，燕姬翠黛愁。缆侵堤柳系，幔宛浪花浮。归路翻萧飒，陂塘五月秋。"《数陪李梓州泛江，有女乐在诸舫，戏为艳曲二首赠李》："上客回空骑，佳人满近船。江清歌扇底，野旷舞衣前。玉袖凌风并，金壶隐浪偏。竞将明媚色，偷眼艳阳天。""白日移歌袖，青霄近笛床。翠眉萦度曲，云鬟俨分行。立马千山暮，回舟一水香。使君自有妇，莫学野鸳鸯。"思想深受儒家影响的杜甫，对于歌姬舞女，他欣赏她们的才艺，尊重她们的人格，同情她们的遭遇，没有丝毫居高临下的姿态、猥琐的举止。

对兄弟姐妹的柔情。《乾元中寓居同谷县作歌七首》："有弟有弟在远方，三人各瘦何人强。生别辗转不相见，胡尘暗天道路长……汝归何处收兄骨？""有妹有妹在钟离，良人早没诸孤痴……林猿为我啼清昼。"《月夜忆舍弟》："戍鼓断人行，秋边一雁声。露从今夜白，月是故乡明。有弟皆分散，无家问死生。寄书长不达，况乃未休兵。""烽火连三月，家书抵万金"（《春望》），更是写尽了对家人的深情牵挂。

对妻子儿女的柔情。不同于绝大多数古代诗人，杜甫有

229

许多表现家人生活情景的作品；他的笔下，对妻子儿女，充满了温情。别处已有阐述，此处从略。

对弱小动物的柔情。"留连戏蝶时时舞，自在娇莺恰恰啼"（《江畔独步寻花七绝句》之六），"泥融飞燕子，沙暖睡鸳鸯"（《绝句二首》之一），"笋根稚子无人见，沙上凫雏傍母眠"（《绝句漫兴九首》之七），"鸬鹚西日照，晒翅满鱼梁"（《田舍》），一个心中对弱小动物没有爱心的人，是不可能写出这些诗句的。"小奴缚鸡向市卖，鸡被缚急相喧争。家中厌鸡食虫蚁，不知鸡卖还遭烹。虫鸡于人何厚薄，吾叱奴人解其缚。"（《缚鸡行》）可见，杜甫一家都是心地善良的人。

最狠训人诗句蕴含什么样的感情？

正如他自己宣称的，"为人性僻耽佳句，语不惊人死不休"。毫无疑问，杜甫是中国文学史上最擅长写作惊人诗句的诗人。杜甫的惊人诗句有各种类型，有深刻揭露社会矛盾的，有直击人心最柔软处的，有气势磅礴惊心动魄的，有细致入微纤毫毕现的……嬉笑怒骂，危言耸听，精雕细刻，他都能把话语说得铿锵有力，把感情表现得淋漓尽致。杜甫有一句众所周知的教训人的诗句，从后人引用的频率看，应该是古往今来最狠的训斥之语。

这诗句便是："尔曹身与名俱灭，不废江河万古流！"

这两句诗，翻译成现代汉语，大致是：你们的身体与名声，终将消失于无形，留不下丝毫印记，对这个世界没有任何影响，流淌了千万年的江河，还会千万年地流淌下去。

这一番话，对普通人而言，也许算不得什么。普通人的一生，有如草木一秋，对社会，对历史，都是无关紧要、可有可无的。普通人的人生价值，基本上局限于家庭之内，完成养家糊口、扶老携幼、传宗接代的人类之动物职能。

可是，杜甫的这两句诗是对文人说的。中国历史上，文人虽然大部分终其一生也只完成了人类之动物职能，泯然众人；但是，他们自诩（许）的，绝不是"众人"，不是动物之人，而是有精神追求的人，是以流芳后世为使命的人。孔子所说的"君子疾没世而名不称焉"（《论语·卫灵公》），有这个意思；司马迁的"恨私心有所不足，鄙陋没世，而文采不表于后"（司马迁《报任安书》），有这个意思；杜甫说李白的"千秋万岁名，寂寞身后事"（《梦李白二首》其二），也有这个意思。

文人最忧愁的事情，莫过于生如草木，身死名灭。

因此，对文人说"尔曹身与名俱灭，不废江河万古流"这两句话，就等于说：你这一辈了，狗屁不是，白活了！

这两句诗出自一组由六首七言绝句组成的组诗《戏为六绝句》。《戏为六绝句》是杜甫保留至今的诗歌中，较为集中地表达其诗歌理论观点的作品，相当于杜甫的诗体论文。组诗主要内容是，肯定了南朝梁时诗人庾信晚年的诗歌成就，肯定了初唐四杰王勃、杨炯、卢照邻、骆宾王的诗歌造诣和历史地位，对当时的诗坛表示了不满，对年轻一辈的狂妄提出了批评。组诗中的两联诗句，很好地概括了杜甫的主要观点，一联是"不薄古人爱今人，清词丽句必为邻"（其五），一联是"别裁伪体亲风雅，转益多师是汝师"（其六）。

按理说，既然是诗体论文，应该是诗人在较为冷静、平和、理性的心情下创作的。但是，诗题用了"戏为"两字，说明杜甫是有感而发的。研究杜诗的名家清人仇兆鳌说："此为后生讥诮前贤而作，语多跌宕讽刺，故云戏也。"也就是说，杜甫对当时诗坛若干狂妄自大、不懂得尊重前代诗人的年轻诗歌作者感到不满，有情绪，甚至很生气，感慨系之，于是做了这一组文论诗。

其中，"尔曹身与名俱灭，不废江河万古流"出自第二首，全诗如下：

> 王杨卢骆当时体，轻薄为文哂未休。
> 尔曹身与名俱灭，不废江河万古流。

虽然说，杜甫追求诗歌语言的特殊效果，语不惊人死不休，但对于年轻后辈，使用如此狠重的词语、句子，似乎有些异常。杜甫不是一个傲慢狂妄的人，对前代、同辈诗人，如孟浩然、李白、王维等，他谦和有礼，不惜赞美之词；对比自己年轻的后辈诗人，如岑参、严武、苏涣等，他爱护有加，寄予厚望。这一回发这么大的火，简直有点儿不像杜甫了。年轻后辈也许的确言行轻薄，但以杜甫一向广交朋友、与人为善的性格，不至于说出这么狠重的话语。更何况，这是在一组谈论诗歌艺术的绝句作品中——绝句因为只有四句，形式短小，并不适合表达过于强烈的情感。

我怀疑，个中另有原因。

多年前我曾写过两篇学术论文，主张杜甫在成都生活后期（杜甫一家在成都草堂前后居住了六年，中间因避乱独自到过梓州阆中一带）曾经跟当时当地军政长官（成都尹、川西节度使）、好朋友严武有过一次严重的酒后睚眦事件。这一时期的许多作品，都透露出这样的信息：杜甫心情很糟。全然没有初到成都时的喜悦欢愉和早期的悠然自得心情，经营草堂和植树莳药之余，在浣花溪中划划船，跟妻子下下棋。

杜甫糟糕的心情，有一部分表现是，对年轻后辈的不耐烦。

其中最有意思的是《莫相疑行》和《赤霄行》两首诗。《莫相疑行》中的末四句："晚将末契托年少，当面输心背面笑。寄谢悠悠世上儿，不争好恶莫相疑。"《赤霄行》中的末四句："老翁慎莫怪少年，葛亮《贵和》书有篇。丈夫垂名动万年，记忆细故非高贤。"前者怒火冲天，后者暗自劝慰。

仇兆鳌等杜诗学者把《戏为六绝句》的写作年份系于肃宗上元二年（761），把《莫相疑行》和《赤霄行》系于代宗永泰元年（765），前后相隔四年之久。但从诗歌的内容和其中流露的心情看，两者间颇有相同相通之处，因此我怀疑，它们作于同一时期。

有这样的可能：杜甫因为跟严武之间积累了一些矛盾，年轻的幕府同僚对他有种种不友好的轻慢举动，加上年龄的原因，比如更年期心理、身体多病，杜甫这一时期的心情很糟，对年轻后辈倍感失望，因此写出了"尔曹身与名俱灭，不废江河万古流"这样具有浓厚教训意味的诗句。

诗圣也是故事大王

唐宋以来，杜甫头上有"诗史""诗圣"两顶桂冠。就其诗歌内容、诗歌艺术成就和在诗歌史上继往开来的地位来说，这两顶桂冠，戴在杜甫头上，大小合适，别人谁也抢不走。但是，作为时隔千余年的一个阅读者，古代诗词爱好者、研究者，我还有一点强烈的感受：杜甫诗集中有太多精彩的故事。杜诗中故事数量之多、范围之广、类型之多样化、塑造人物形象之鲜活生动、叙事艺术之精湛精彩，中国诗歌史上，无人能出其右。因此我认为，我们不妨再赠杜甫一顶"故事大王"的桂冠。

阅读过现当代人编写的一两种杜甫诗选的读者，对下列故事，一定都耳熟能详。

开元天宝年间，长安有过一群嗜酒如命、举止怪异、妙趣横生的饮酒者，即所谓的"饮中八仙"。这是杜甫的《饮中八仙歌》所讲述的盛世酒徒故事。

某年三月三日，上巳日，天气晴好的长安，曲江边，忽然去了一群肌肤细腻、衣着华丽的女人。她们宴饮的时候，食物精美，音乐动听，场面豪奢之极。但是，谁若是想要靠近了去围观，一定会遭到官吏的大声呵斥。这是当时炙手可热的宰相杨国忠和姐妹虢国夫人等春天出游的情形，见于杜甫的《丽人行》。

　　一个诗人，自己在长安，妻子儿女在外地，两地分居。诗人想念妻子儿女了，但是他却要想象出妻子儿女想念自己的情形。这是杜甫《月夜》诗的内容。

　　天宝十五载（756），安禄山叛军势如破竹，攻陷潼关，进占长安。唐玄宗只带了一支小规模的军队和杨贵妃，仓皇逃命。一批王子王孙遭到遗弃，混杂在逃难的人群中，流落在旷野路边，蓬头垢面，体无完肤。其中一个本是玉叶金枝的王孙，为了活命，恳求他人收其为奴。这一王朝重大变故，见于杜甫《哀王孙》诗。

　　二十年不曾见面的朋友，不但结了婚，且儿女成行。懂事的儿女们，对于夜晚突然来访的父亲的朋友彬彬有礼。隐居未仕的主人，家境并不富裕，招待友人的只是"夜雨剪春韭，新炊间黄粱"的家常便饭，但是劝酒十分热情。在朝不保夕、不知道自己明天将身处何方的战乱时期，这样的家庭气氛，这样的朋友情谊，令人感慨不已。这是杜甫《赠卫八处士》诗所讲述的乱世中久违友人相逢的故事。

　　诗人长途旅行，投宿在一户农家，深夜遭遇官府抓丁。

236

三个儿子全都在前线当兵，其中两个儿子不久前战死沙场。家里穷得叮当响，一个儿媳妇在丈夫死后，抚养着孩子不肯离去，进出家门都没有一件完好的衣裙。这样一个不幸家庭的男主人——老翁，竟然还有服兵役的义务。情急之下，听见官吏的敲门声，老翁只能翻后墙暂避。老妇人出门应对，称自己可以代替老翁去军中服务。结果，她居然真的被官吏给带走了。第二天早上，诗人只能跟老翁一个人道别。这个催人泪下的故事，是杜甫"三吏"之一《石壕吏》给我们讲述的伟大王朝的征兵故事。

在成都，景色优美的浣花溪畔，燕子在堂屋飞进飞出，水中鸥鸟在嬉戏，一家人过着相对安定的生活：妻子在一张纸上画了棋盘，夫妻对弈；淘气的孩子，拿了妈妈的缝衣针，敲弯了制成钓钩，在江边钓鱼。这样的日子，只要有饭吃，有买药的钱，别无所求。这是杜甫《江村》中描述的田园生活故事。

在夔州，诗人把自己的房屋让给一位亲戚居住。亲戚不明就里，在房屋四周插上篱笆。结果，从前常到那屋边打枣吃的一位邻居寡妇，就再也不能打枣充饥了。诗人得知此事后，便写信给那亲戚，将事情的原委告诉了他，责怪他不该插上篱笆。这是杜甫书信体诗歌《又呈吴郎》于无意中讲述的怜贫惜寡故事。

…………

杜甫诗集，当然不是故事集、小说集。但是，不得不承

237

认，"语不惊人死不休"的诗人杜甫，是很善于讲故事的，他的相当一部分诗歌，文体上接近小说、散文，所讲述的故事，情节跌宕起伏，引人入胜。以上所列举的，只是杜甫诗集中所讲述故事的一小部分，冰山一角。别的不说，"三吏""三别"就都是历史故事，讲述的都是宏大的历史背景下个别家庭、个别人的命运，都是影视剧极好的底本。

"诗史"二字，反映出杜诗有纪实的特点，但是没有反映出杜诗所给予读者的亲切感、真切感和震撼感。

杜诗故事的五个类型

　　现存杜甫诗集中的全部诗歌中，当然有不少写景、抒情的作品，但其中也不乏叙事的作品。这些叙事诗中，至少讲述了上百个有比较跌宕、完整情节的故事。上自帝王将相，下至穷苦百姓，以及两者之间的文人士大夫，都在这些故事中扮演了各自的角色。打个比喻，杜甫有点儿像英国的莎士比亚和法国的巴尔扎克。莎士比亚用戏剧描绘了十六七世纪英国社会的芸芸众生，巴尔扎克用小说描绘了十九世纪法国社会的芸芸众生，杜甫则是用有严格形式（韵律）规定的古体诗歌描绘了公元八世纪中国社会的芸芸众生。杜甫的此类诗歌，论内容的缤纷繁杂，论形象的生动鲜活，论思想的悲悯深刻，都类似莎士比亚的戏剧和巴尔扎克的小说。

　　为了便于读者朋友们阅读、了解，下面我将杜诗中的故事，划分为五个类型加以叙述。

　　悲壮苍凉的故事。例如：国家连年战争导致民生凋敝的故事（《兵车行》），陈陶斜之战（《悲陈陶》），青坂之战（《悲青坂》），北行探亲故事（《北征》），战时征兵的故事（《新安吏》），李唐军队备战的故事（《潼关吏》），新婚别离的故事（《新婚别》），老翁从军的故事（《垂老别》），老兵回家的故事（《无家别》），画家曹霸的坎坷人生（《丹青引赠曹将军霸》），盛唐衰落的故事（《忆昔二首》），昭君出塞的故事（《咏怀古迹五首》之三），诸葛亮壮志未酬的一生（《咏怀古迹五首》之五），师徒女舞蹈家的故事（《观公孙大娘弟子舞剑器行》），江汉渔民生活的故事（《岁晏行》），江南（长沙）跟李龟年相逢的故事（《江南逢李龟年》）。

催人泪下的故事。例如：长安找工作的故事（《奉赠韦左丞丈二十二韵》），两个失意人饮酒浇愁的故事（《醉时歌》），盛唐时期人间贫富悬殊的故事（《自京赴奉先县咏怀五百字》），乱世中王孙落难的故事（《哀王孙》），杨贵妃之死（《哀江头》），抓壮丁的故事（《石壕吏》），雪山觅食的故事（《乾元中寓居同谷县作歌七首》一、二），秋风破茅屋的故事（《茅屋为秋风所破歌》），乱平回家的故事（《闻官军收河南河北》），夔州山村剩女的故事（《负薪行》）。

细致入微的故事。例如：美女幽居的故事（《佳人》），江边踱步寻花的故事（《江畔独步寻花七绝句》），花、风、水、鸟之间的艳情故事（《风雨看舟前落花，戏为新句》）。

温馨感人的故事。例如：大唐诗人长安思家的故事（《月夜》），诗圣得官思家的故事（《述怀》），诗人死里逃生的故事（《羌村三首》之一），诗人携家逃难的故事（《彭衙行》），邂逅老友的故事（《赠卫八处士》），朋友神交的故事（《梦李白二首》），田园生活的故事（《江村》），在家接待客人的故事（《客至》），一个好客乡民的故事（《遭田父泥饮，美严中丞》），寡妇打枣的故事（《又呈吴郎》）。

诙谐冷峻的故事。例如：长安八位酒仙的故事（《饮中八仙歌》），权贵之家男女曲江游春的故事（《丽人行》），三峡船工的故事（《最能行》），远客赠珠的故事（《客从》），运送炼丹货物的贡船沉没江中的故事（《覆舟二首》）。

可见，伟大诗人杜甫不但能讲故事，而且还能讲各种风格、题材类型的故事。集大成诗人之非凡功力，由此可见一斑。

杜诗为何发生巨大转折？

《兵车行》的出现，在杜甫数十年的诗歌创作中，无疑是一个十分重要的转折点。

杜甫生于公元 712 年，死于 770 年，按照传统的虚岁计寿法，享年五十九岁。在杜甫这不太长的一生中，四十岁之前留下的数十首诗歌，诗歌艺术上已经显露出惊人的才华，但思想内容只限于山川景物、诗人自己和若干亲友的经历与遭遇，尚未出现涉及社稷苍生的作品。倘若杜甫一直按照这个路子写下去，肯定是成不了"诗圣"的。杜甫"诗圣"桂冠的获得，跟他那些关注社会现实、同情底层百姓的著名诗篇有着直接的关系。杜甫第一篇跳出个人生活圈、涉及社会民生的作品是《兵车行》。《兵车行》大约作于天宝十载（751），也就是他四十岁那年。在那以后的近二十年时间里，杜甫就陆续写出了《丽人行》、《前出塞九首》、《同诸公登慈恩寺塔》、《秋雨叹三首》、《自京赴奉先县咏怀五百字》、《后出塞五首》、"三吏"、

"三别"、《春望》、《北征》、《茅屋为秋风所破歌》等大量关注社会现实、同情底层百姓的诗篇。

换言之，四十岁之前，从诗歌看，杜甫就是一个封建时代的普通文人，一个有才华的诗人；而四十岁之后，这个"官二代"出身的封建文人变得不再普通，最终成为超凡入圣、名垂千古的伟大诗人。

那么，杜甫的这个华丽转变是怎么发生的？或者说，是什么原因促使杜甫发生了这样的转变呢？

冯至先生在《杜甫传》中对《兵车行》一诗的内容进行阐述之后，提出了这样的看法："……他（指杜甫）由于仕进要求的失败认识了这个政治集团的腐败，由于自身的饥寒接触到人民的痛苦。"[①] 萧涤非先生在《杜甫诗选注》代前言《诗人杜甫》一文中，也认为，杜甫的转变是由于长安求官期间生活陷入了贫困，受到了饥寒的煎熬。"开始过着'朝扣富儿门，暮随肥马尘'的屈辱生活，以至经常挨冻受饿，'饥卧动即向一旬，敝衣何啻联百结。'……生活折磨了杜甫，也玉成了杜甫，使他逐渐走向人民，深入人民生活，看到人民的痛苦，也看到统治阶级的罪恶，从而写出了《兵车行》《丽人行》《赴奉先县咏怀》等现实主义杰作。十年困守的结果，使杜甫变成了一个忧国忧民的诗人。"[②] 文学史家对于杜甫诗歌创作发生这个巨大转变的解释，大致如此。概括而言，不外乎两个原因：一是仕进的屡遭

---

① 冯至：《杜甫传》，百花文艺出版社 1999 年版，第 45 页。
② 萧涤非：《杜甫诗选注》，人民文学出版社 1985 年版，第 2—3 页。

挫折，使杜甫认识到统治集团的腐败和罪恶；二是自身生活陷入贫困，使杜甫有机会接近、了解并同情底层百姓的痛苦。

这样的分析，不能说错了，但是，我总觉得，客观上多少有点贬低杜甫的意思，好像杜甫的转变纯粹是出于报复心理，发泄愤懑情绪。要说报复心理、愤懑情绪，孟浩然、李白也应该有，他们的仕途也很坎坷，甚至都比杜甫更加不得志，他们的生活也曾陷入贫困——李白晚年只能投奔原本关系并不密切的族叔李阳冰。但是，我们知道，孟浩然、李白都并未像杜甫那样，诗歌创作上转向密切关注社会现实，深刻同情百姓疾苦，而仍然以个人生活、情感为诗歌创作的主要内容。

我认为，杜甫的转变，主要原因至少来自如下五个方面：一是思想性格，二是政治理想，三是人生阶段，四是王朝变故，五是艺术手法。

根深蒂固的儒家思想，尤其是仁爱思想，使得杜甫始终怀有积极入世、关心民生的热情，使得他以后稷和契两位上古圣人为榜样，要为民造福；耿介的性格，使得杜甫不肯随波逐流、过轻松潇洒的日子，而要百折不挠地尝试实现其政治理想，当自己无法实现政治理想的时候，便将希望寄托在年轻朋友的身上。杜甫早年就有"致君尧舜上，再使风俗淳"的政治理想，这个理想的表述中虽然没有出现百姓、人民等字样，但是，毫无疑问，一旦他的政治理想得以实现，百姓、人民便是直接受益者。杜甫早年诗歌里没有出现类似《兵车行》《丽人行》《自京赴奉先县咏怀五百字》等的现实主义杰作，这并不代表杜甫早年不同情百姓疾苦、不忧国忧民。杜甫早年的角色是官宦子弟，是李唐帝国山川名胜的游历者，是文人士大夫文艺沙龙中深受长辈赏识的青年才俊，是达官贵人筵宴上才思敏捷的诗人。不在其位不谋其政。这一阶段，他没有必要愁眉苦脸，没有必要整天作忧国忧民状。杜甫向称"诗史"，倘若李唐王朝不曾发生过因为将相欺瞒邀功，大量士兵战死沙场，需要大量征兵，他也写不出《兵车行》《前出塞九首》；倘若唐玄宗还一如既往地是个励精图治的明君，不任用李林甫、杨国忠之类奸相，他也不可能写出《丽人行》；倘若李唐王朝统治者勤俭节约，生活朴素，国泰民安，跟开元年间一样，"公私仓廪俱丰实"，百姓过着富足的生活，杜甫也不可能写出《自京赴奉先县咏怀五百字》。杜甫的诗歌创作，一直走的是现实主义路线，而且追求语言的强烈效果。因此，要反映社会现实，为了追求一语惊人、震撼人心的艺术效果，杜甫一定会将贫富贵贱等不公平现象进行强烈的对比。

"许身一何愚，窃比稷与契""生逢尧舜君，不忍便永诀""顾惟蝼蚁辈，但自求其穴"……《自京赴奉先县咏怀五百字》一诗，是杜甫的夫子自道，道出了他诗歌风格巨大转变的诸多奥妙。

总而言之，我认为，杜甫的转折有其必然性。他即使仕途通达，生活无忧，也会跟元结一样，是个关心百姓疾苦、有良心的官员，而不会跟王维一样，逃向佛教世界，追求自身内心宁静，过一种半官半隐的生活。

咱们杜诗有力量

杜甫曾宣称自己"为人性僻耽佳句，语不惊人死不休"（《江上值水如海势，聊短述》）。诗圣说到做到，果然写出了众多惊人的佳句。我认为，古往今来，没有第二个诗人，写出过杜甫这么多充满力量的诗句。

口说无凭，举例为证：

会当凌绝顶，一览众山小！（《望岳》）——最适合青少年抒发豪情，宣扬壮志。这两句诗一朗诵，顿时豪情冲天，壮志凌云。

所向无空阔，真堪托死生。（《房兵曹胡马》）——有如此坐骑（其实，车子、飞机也都可以），横行四海，遨游寰宇，无疑是人间第一等的快事。

天子呼来不上船，自称臣是酒中仙。（《饮中八仙歌》）——醉酒至于这般狂放，真是可爱至极。李太白千古魅力，这两句诗至少有三成功劳。

致君尧舜上，再使风俗淳。(《奉赠韦左丞丈二十二韵》)——封建时代知识分子的政治理想，没有比这两句诗表述得更直截了当的。

德尊一代常坎坷，名垂万古知何用？(《醉时歌》)——古往今来，有道德、有才能之人，有几个是不曾历尽坎坷、最后抑郁而终的呢？

朱门酒肉臭，路有冻死骨。(《自京赴奉先县咏怀五百字》)——控诉社会的贫富不均，这两句诗是最有力量的口号。晚年写的《驱竖子摘苍耳》"富豪厨肉臭，占地骸骨白"，庶几近之。

彤庭所分帛，本自寒女出。(《自京赴奉先县咏怀五百字》)——彤庭，朝廷。批评的锋芒，直指最高统治者，语言之犀利，莫此为甚。

国破山河在，城春草木深。(《春望》)——江山易主，草木丛生，写的是战乱之后所见景象。一个"在"字，一个"深"字，沉痛之情，骇目惊心。

烽火连三月，家书抵万金。(《春望》)——乱世亲情，无以复加。

死去凭谁报？归来始自怜。(《自京窜至凤翔喜达行在所》之三)——乱世人生，命悬一线。

夜阑更秉烛，相对如梦寐。(《羌村三首》之一)——乱世爱情，感天动地。

一片花飞减却春，风飘万点正愁人。(《曲江二首》之一）——浓得化不开的春愁。

酒债寻常行处有，人生七十古来稀。（《曲江二首》之二）——人世愁多，喝酒有理！

明日隔山岳，世事两茫茫。（《赠卫八处士》）——"茫茫"二字，写尽乱世中故友生离满腔愁绪，满腹心事。

露从今夜白，月是故乡明。（《月夜忆舍弟》）——淡淡十个字，写尽人所共有的乡愁。

冠盖满京华，斯人独憔悴。（《梦李白二首》之二）——愤懑不平，溢满字里行间，见出不一般的兄弟情谊。后来写的《不见》中的"世人皆欲杀，吾意独怜才"，力量过之，蕴藉不如。

文章憎命达，魑魅喜人过。（《天末怀李白》）——揭示出古往今来文人之宿命。

出师未捷身先死，长使英雄泪满襟。（《蜀相》）——英雄末路，催人泪下。想当年，宋朝抗金名将宗泽是吟诵着这两句诗离开人世的，情景何等凄怆！

莫思身外无穷事，且尽生前有限杯！（《绝句漫兴九首》之四）——我所见过的最实在的劝酒诗句。

此曲只应天上有，人间能得几回闻？（《赠花卿》）——赞美曲子，找不到比这更好的句子了。

尔曹身与名俱灭，不废江河万古流！（《戏为六绝句》之二）——对轻薄之徒最有力的打击。

敏捷诗千首，飘零酒一杯。（《不见》）——李白一生最传神的漫画。

白日放歌须纵酒，青春作伴好还乡。（《闻官军收河南河北》）——虽是想象之语，却写尽了饱受离乱之苦者返乡之旅的愉悦之情。

新松恨不高千尺，恶竹应须斩万竿！（《将赴成都草堂途中有作先寄严郑公五首》之四）——爱憎之情，何其分明！

锦江春色来天地，玉垒浮云变古今。（《登楼》）——写成都景色，没有比这两句诗更有深度、更大手笔的了。

关中小儿坏纪纲，张后不乐上为忙。（《忆昔二首》之一）——嘲讽权贵、帝王，非吃了豹子胆之人不敢为。

星垂平野阔，月涌大江流。（《旅夜书怀》）——天地大景（夜景），尽在其中。

无边落木萧萧下，不尽长江滚滚来。（《登高》）——长江秋景，千古绝唱。

万里悲秋常作客，百年多病独登台。（《登高》）——千忧百虑，人生困境，一时齐集。

无贵贱不悲，无富贫亦足。（《写怀二首》）——杜甫离揭竿而起只有一念之差。

吴楚东南坼，乾坤日夜浮。（《登岳阳楼》）——写洞庭湖之壮阔，岳阳楼上已有孟浩然"气蒸云梦泽，波撼岳阳城"名句在前。但是，杜甫这两句一出，孟浩然的名句顿觉逊色。

……

一千个读者有一千个哈姆莱特，一万个读者有一万个杜甫。我相信，喜爱杜甫诗歌的朋友们各有自己偏爱的名句，还会举出更多饱含力量的名句。

杜甫的这一类诗句，读后可使人血脉偾张，豪情万丈，胆怯者为之勇敢，懦弱者为之刚强，卑微者为之正气浩然。金圣叹称赞杜诗为五大才子书之一，笔者认为杜诗是古往今来第一流的正气歌。

惊人的语言艺术

"为人性僻耽佳句，语不惊人死不休"，这是诗人杜甫震烁千古的誓言。古今中外，大概极少有作家能够像杜甫那样执着、苦心地追求语言艺术效果。毋庸置疑，杜甫的语言艺术追求获得了巨大的成功。千百年来，有多少读者在读他的诗歌作品时，曾为之慷慨激昂、唏嘘欲绝；他有多少名句，因为强烈地震撼了人心而广泛流传，皆难以计数。

那么，杜甫诗歌语言之所以产生如此影响，其中有着怎样的奥秘呢？

杜甫的语言艺术，那是三天三夜也说不完的，这里只能拣最重要的来说一说。我认为，其奥秘至少有下述几点。

一、强烈的对照。杜甫诗歌中，强烈对照无所不在，有一句之内不同词语之间的对照，有句与句之间的对照，有联（句群）之间的对照。下边各举两例，请看：

儒术于我何有哉？孔丘盗跖俱尘埃！（《醉时歌》）

不过行俭德，盗贼本王臣。（《有感五首》其三）

但看古来盛名下，终日坎壈缠其身。（《丹青引赠曹将军霸》）

冠盖满京华，斯人独憔悴。（《梦李白二首》其二）

细草微风岸，危樯独夜舟。/ 星垂平野阔，月涌大江流。（《旅夜书怀》）

吴楚东南坼，乾坤日夜浮。/ 亲朋无一字，老病有孤舟。（《登岳阳楼》）

此外，还有一首诗中首尾之间的对照，例如《登高》一诗，开头两句是"风急天高猿啸哀，渚清沙白鸟飞回"，气势宏大；结尾两句是"艰难苦恨繁双鬓，潦倒新停浊酒杯"，细小琐碎。有不同风格的对照。《覆舟二首》，对官吏的落水死亡使用了十分文雅的语言，而对篙工的生还使用了浅显通俗的语言。雅俗之间，极具讽刺意味，爱憎情感一目了然。

上述种种对照手法，杜甫经常能在一首诗里同时使用，给人"千汇万状"的感受。以《醉时歌》为例。这首诗里，至少运用了句内对照、句间对照、联间对照、风格对照、首尾对照等反讽手段。如下：

句内对照：德尊一代常坎坷 / 名垂万古知何用 / 相如逸才亲涤器 / 子云识字终投阁 / 孔丘盗跖俱尘埃。

句间对照：诸公衮衮登台省，广文先生官独冷 / 甲第纷纷

252

厌粱肉，广文先生饭不足 / 但觉高歌有鬼神，焉知饿死填沟壑。

联间对照：先生有道出羲皇，先生有才过屈宋。/ 德尊一代常坎坷，名垂万古知何用。

风格对照：白俗——得钱即相觅，沽酒不复疑。忘形到尔汝，痛饮真吾师。文雅——清夜沉沉动春酌，灯前细雨檐花落。

首尾对照：开头——诸公衮衮登台省：杂沓、热闹。结尾——生前相遇且衔杯：孤单、寂寞。

因为有种种强烈的对照，杜甫的诗歌语言就充满了张力，具有了震慑心灵的力量。

二、大胆使用民间口语。正如有学者所指出的，"在杜甫诗里，一切流行的口头语都'百无禁忌'地在使用着，都成了诗的素材。什么爷娘、寡妇、肥男、瘦男、雁儿、鹅儿、鸡儿、狗儿、煮饭、吃饭、肥肉、大酒等名词，不断出现在他的笔下……"（萧涤非语），像杜甫这样大胆、大量使用底层百姓口语入诗的诗人，不敢说古今中外独一无二，至少可以肯定是十分罕见的。他的名句"朱门酒肉臭，路有冻死骨"，其中的"臭"字就是当时底层百姓的口语词（有人把它读为 xiù，解释为"香味"，我认为是对杜诗的歪曲），这个用法被专家赞誉为"千古独有"（清代学者陆以湉语）。唐代著名诗人元稹最早认识到杜甫的这一语言艺术，"怜渠直道当时语，不著心源傍古人"，赞叹不已。在几乎所有诗人都循规蹈矩使用文雅苍白词语的年代里，杜甫独树一帜，大胆、大量使用百姓口语，收到了令人耳目一新乃至石破天惊的艺术效果。

三、常用"百""千""万"等数词修饰时间、空间词语，用"天地""乾坤""星辰"等词语指称空间。请看诗句：

百年死树中琴瑟，一斛旧水藏蛟龙。(《君不见，简苏徯》)

百年浑得醉，一月不梳头。(《屏迹三首》其二)

芳宴此时具，哀丝千古心。(《同李太守登历下古城员外新亭》)

千秋万岁名，寂寞身后事。(《梦李白二首》其二)

万里伤心严谴日，百年垂死中兴时。(《送郑十八虔贬台州司户伤其临老陷贼之故阙为面别情见于诗》)

万事尽付形骸外，百年未见欢娱毕。(《相逢歌赠严二别驾》)

带甲满天地，胡为君远行。(《送远》)

天地日流血，朝廷谁请缨。(《岁暮》)

乾坤含疮痍，忧虞何时毕。(《北征》)

吴楚东南坼，乾坤日夜浮。(《登岳阳楼》)

星垂平野阔，月涌大江流。(《旅夜书怀》)

死为星辰终不灭，致君尧舜焉肯朽。(《可叹》)

这些词语，经过杜甫的巧妙运用，都能给人时间久远、空间寥廓、心际浩茫之感。

四、多用"安得"等直接表示祈使语气的句法。请看诗句：

安得壮士挽天河，净洗甲兵长不用。(《洗兵马》)

安得更似开元中，道路即今多拥隔。(《光禄坂行》)

安得广厦千万间，大庇天下寒士俱欢颜，风雨不动安如山。(《茅屋为秋风所破歌》)

安得如鸟有羽翅，托身白云归故乡。(《大麦行》)

安得务农息战斗，普天无吏横索钱。(《昼梦》)

"安得"句式所传达的，大多是杜甫兼济天下、体恤苍生的愿望，胸襟博大，情感深厚；他的这一类愿望，在现实里都是无法兑现的，因此更添一层悲壮色彩。

五、善于使用形象鲜明的词语。杜甫那些千古流传的名句都属于这一类，请看诗句：

会当凌绝顶，一览众山小。(《望岳》)

烽火连三月，家书抵万金。(《春望》)

江碧鸟逾白，山青花欲燃。(《绝句二首》其二)

朱门酒肉臭，路有冻死骨。(《自京赴奉先县咏怀五百字》)

锦江春色来天地，玉垒浮云变古今。(《登楼》)

尔曹身与名俱灭，不废江河万古流。(《戏为六绝句》其二)

出师未捷身先死，长使英雄泪满襟。(《蜀相》)

文学创作要用形象思维，这是所有诗人、作家都懂的道理，但是，有几个人是真的能够做到杜甫那样善于使用形象鲜明语言的呢？

杜甫之所以能够取得伟大的艺术成就，原因是多方面的。天赋和谦虚、刻苦学习前人经验只是一个次要的方面，更为重要的是，他具有超越常人的直面现实、批判现实的勇气，他有一颗博大的悲悯之心，他胸中有一股来自天地、源于亘古的浩然之气。

诗歌中的小说艺术

文化的复兴，是建立在文化的自信基础上的。我曾提出诺贝尔文学奖尚未真正走进中国、走进中国文学的意见，认为只有当诺奖授予能上接包括唐诗宋词在内的中国数千年文学传统的作家，才算走进中国，走进中国文学。我的真正用意其实是，希望中国作家尤其是小说家们，不要再妄自菲薄，眼里心里只有几个外国的作家作品，应该树立起对中国文学的信心。实际上，有着悠久历史的中国文学，并非像有些人所说的那样，许多方面都远远落后于西方。中国文学，不缺少独具魅力的艺术手法，我们缺少的是发现、认识这些艺术手法的慧眼。

五四"新文学革命"的提倡者之一，胡适先生，已略具这种慧眼。他能越过文体的疆界，认识到我国古代诗歌里就有着优秀的小说艺术。

认为"西洋的文学方法，比我们的文学，实在完备得多，高明得多"的胡适先生（《建设的文学革命论》，原刊1918年4月《新青年》），在说起中国古代小说艺术的时候，也每每赞不绝口。他认为，中国古代诗歌中，已经有精妙的小说艺术。例如，对于汉朝诗歌《上山采蘼芜》和唐朝诗人杜甫的《石壕吏》，他就用了"神妙""很妙"等形容词语加以褒扬。其中，对杜甫《石壕吏》一诗，他更有多篇文章表达过赞美之意。例如："这首诗只写一个过路的客人一晚上在一个人家内偷听得的事情，只用一百二十个字，不但把那一家祖孙三代的历史都写出来，并且把那时代兵祸之惨，壮丁死亡之多，差役之横行，小民之苦痛，都写得逼真活现，使人读了生无限的感慨。这是上品的布局功夫。"（《建设的文学革命论》）又如："这首诗写天宝之乱，只写一个过路投宿的客人夜里偷听得的事，不插一句议论，能使人觉得那时代征兵之制的大害，百姓的痛苦，壮丁死亡的多，差役捉人的横行：——都在眼前。捉人捉到生了孙儿的祖老太太，别的就更可想而知了。"（《论短篇小说》，原刊1918年5月《新青年》）

概括胡适先生的意思，杜甫《石壕吏》一诗中的小说艺术，妙处有：故事布局合理，思想情感深刻，内容丰富饱满，形象生动逼真，语言精准凝练，富有艺术感染力等。写实派小说的艺术魅力，尽数囊括。

其实，按照胡适先生的分析路数，杜甫得小说艺术精髓的诗歌，何止《石壕吏》一首。"三吏""三别"，篇篇都深得小说艺术之道。《兵车行》、《丽人行》、前后《出塞》、《赠卫八处士》《佳人》《遭田父泥饮，美严中丞》《江南逢李龟年》等，也莫不如此。

杜甫之所以能得小说艺术精髓，我认为跟他如下几方面的审美取向或者说艺术素养有密切关系：

首先，杜甫继承了《诗经·国风》的传统，关心社会现实、家国遭际、百姓命运。因而，他的诗歌格外注重表现社稷苍生的疾苦，表现真实的人物生活。这就使得杜甫的诗歌具有较为完整的故事性。

其次，杜甫深受儒家思想的影响，社会现实中的人（主要是底层百姓）的命运，是他目光关注的焦点。对于周围人的言行进行观察，必然是他追求诗歌艺术过程中的一项重要练习。杜甫初到长安时（那时不过三十五六岁）所写的《饮中八仙歌》，一两句诗，就能刻画出一个个活灵活现的人物形象，并且令读者经久不忘。这说明，杜甫对于人物言行观察之细致、对人物特点把握之精确，已经不是一般诗人所能同日而语的了。后来随着接触底层百姓机会的增加，杜甫诗中更是出现了一些令人难忘的底层百姓形象。例如《石壕吏》中的“老妇”，《新婚别》中的“新妇”，《遭田父泥饮，美严中丞》中的“田父”。

再次，“语不惊人死不休”，杜甫对于语言艺术的不懈追求，使得他的语言具有精准的再现力，具有丰富的表现力，具有极强的个性特点，具有超强的艺术感染力。仅举《咏怀古迹五首》中咏昭君村的一首为例。“群山万壑赴荆门，生长明妃尚有村。一去紫台连朔漠，独留青冢向黄昏。画图省识春风面，环佩空归夜月魂。千载琵琶作胡语，分明怨恨曲中论。"诗句所指视野、境界，忽而极其宏大广阔，忽而极其细小具体；前半首写地理实物，后半首写离情别绪，虚实相间。大小交替，虚实相间，使得语言极具张力。犹如前人所指出的，"说得窈窕红颜，惊心动魄"。

此外，杜甫对于当时下层百姓口语、方言词语（例如：臭、叫、大瓶、肥酒、大肉、瘦男、肥男、乌龟、乌纱等）空前大胆的吸收，使得他的诗歌不同于一般士大夫风雅、拟古、苍白的歌咏，具有特别鲜明的时代气息、生活气息。

有人在褒贬李白杜甫的时候，说李白能写一手漂亮的散文，而杜甫的散文不见出色。我认为，这是他们思想、审美趣味不同导致的文体倾向有别：李白注重抒情，因而适宜写抒情散文；杜甫注重写实，所以擅长讲述故事。如果说，让他们二人生于诗歌式微的今世，李白有望成为散文大家，杜甫则有望成为小说大师。

且听杜甫吟唱诗歌

　　杜甫会写诗，这是毋庸置疑的，因为他是诗圣，是中国文学史上超一流的诗人。那么，杜甫会不会吟唱诗歌呢？这的确是一个问题。现实中，会写诗却不会吟唱诗歌的人很多。诗歌自古以来并非全部是供入乐演唱之用的，自《诗经·国风》开始，即有不入乐的徒诗一类。唐宋以来，诗歌这种文学样式的功用，主要是提供给人们用眼睛阅读，而不是用耳朵聆听。

　　杜甫诗集中，含有"歌""诵""吟"等字眼的一些诗句，可以证明：杜甫是会吟唱诗歌的。

　　"歌"，杜甫诗中固然有名词"诗"的意思，例如《饮中八仙歌》《越王楼船歌》《茅屋为秋风所破歌》，这些诗题中的"歌"字均指诗。但是，也常常用作动词"唱"的意思。例如，《苏端、薛复筵简薛华醉歌》："座中薛华善醉歌，歌辞自作风格老。""醉歌"就是醉后唱歌，薛华的醉歌有个特点，歌词是他自己所作。换言之，他既是演唱者，也是词作者。杜甫本人也常有"歌"的时候，例如，《醉时歌》："但觉高歌有鬼神，焉知饿死填沟壑。"《玉华宫》："忧来藉草坐，浩歌泪盈把。"《元日示宗武》："不见江东弟，高歌泪数行。"

显然，杜甫最擅长唱的，是悲歌。听杜甫的悲歌，不但人类会受到感动，就连动物、大自然都会受到感动。《羌村三首》之三："请为父老歌，艰难愧深情。歌罢仰天叹，四座泪纵横。"《乾元中寓居同谷县，作歌七首》："呜呼一歌兮歌已哀，悲风为我从天来。""呜呼二歌兮歌始放，邻里为我色惆怅。""呜呼四歌兮歌四奏，林猿为我啼清昼。""呜呼五歌兮歌正长，魂招不来归故乡。""呜呼六歌兮歌思迟，溪壑为我回春姿。"

"诵"，是朗读、朗诵的意思，事实上也属于吟唱诗歌的一种形式。《夜听许十损诵诗爱而有作》："诵诗浑游衍，四座皆辟易。"《逼仄行，赠毕曜》："焉能终日心拳拳，忆君诵诗神凛然。"《苏大侍御访江浦，赋八韵记异》："再闻诵新作，突过黄初诗。"《遣兴》："问知人客姓，诵得老夫诗。"杜甫诗集中，表现杜甫本人"诵"诗的诗句不多，但也不是没有。例如，《奉赠王中允维》："穷愁应有作，试诵白头吟。"

"吟"有"作（诗）""写（诗）"的意思，但也有"吟唱"的意思。例如，《秦州见敕目薛三璩授司议郎毕四曜除监察与二子有故远喜迁官兼述索居凡三十韵》："旅泊穷清渭，长吟望浊泾。"《江亭》："坦腹江亭暖，长吟野望时。"《解闷十二首》之七："陶冶性灵存底物，新诗改罢自长吟。"《长吟》："赋诗

262

歌句稳，不免自长吟。"《远怀舍弟颖、观等》："对酒都疑梦，吟诗正忆渠。"《徐步》："把酒从衣湿，吟诗信杖扶。"

可惜的是，因为年代久远，唐朝时人类尚未发明录音设备，没有留下录音资料，我们无法欣赏到诗圣杜甫吟唱诗歌的风采。我们所能做的，只有如下一些事情：阅读杜甫诗的时候，放慢速度，细细品味，用心体会，不但读出诗意，读出感情，还要读出节奏，读出旋律。

如果想要领略唐音吟唱杜甫诗、李白诗、唐诗的韵味，那么，作为一名音韵学研究者，我可以提供一个简便的办法：将吴方言的声母加上粤方言的韵母和声调，基本上就是唐代的字音。因为，吴方言较为完好地保存了唐代语音体系中声母的清浊对应格局，粤方言较为完好地保存了唐代语音体系中鼻音韵尾 m、n、ng 三分和入声韵尾 p、t、k 三分的格局。由于大多数人已经听不出声母的清浊之别，所以，直接请广东人用他们的家乡话吟诵唐诗，感觉上也跟穿越到唐朝听人吟诵诗歌，差不了太多。

读杜诗，要读编年全集

我关于杜甫及其诗歌的一些短文在新旧媒体上发表后，经常会得到反对的意见。遗憾的是，这些反对意见中，有不少是因为批评者对杜甫其人其诗缺少必要的了解而起的。我以为，网络世界，批评者来自各行各业，知识修养参差不齐，发表意见又不必深思熟虑，有一些外行话，不足为奇。

却不料，我的一篇题为《当成都遇到杜甫》的短文在某报纸刊出后，也引来了一位名校出身的资深媒体人所写的一篇洋洋洒洒的反对文章，这篇大作所表现出来的对于杜甫及其诗歌的外行程度，丝毫都不逊色于网络上那些匿名的评论。

我的短文中有这样几句话："当年，成都给了杜甫一家一段较为安定舒适的生活，因此，杜甫在此写作了不少富有诗情画意、温暖千百年读者心灵的诗歌作品。"

出乎我的意料，这几句话竟然让这位资深媒体人觉得"有点费解"。令其费解的原因，主要有两个：一个是，杜甫"代表作如'三吏'（《新安吏》《石壕吏》《潼关吏》）、'三别'（《新婚别》《垂老别》《无家别》）等，大都描述社会动荡，揭露政治黑暗，诉说人民疾苦……"另一个是，杜甫在成都期间写的《茅屋为秋风所破歌》，"从诗句的描述看，杜甫一家即使没到缺衣少食的地步，住房也简陋不堪，难挡风雨"。他的结论是，杜甫一家在成都期间的生活"离那种小康差着一大截"，"那种'温暖千百年读者心灵'的鸡汤，应该不会出自杜工部笔下"。

呜呼！我欲无言。十几天后，我要去成都参加"杜甫诞生一千三百周年纪念大会暨四川省杜甫学会第十六届学术年会"，我若是在会上讲一下这个段子，估计得"绝倒"一大片。原因很简单，这位资深媒体人的高论，对有关杜甫的常识和基本史实都提出了空前的挑战。

常识一："三吏""三别"等代表作，作于杜甫任华州掾期间，地点是华州（在今陕西省境内）、洛阳（在今河南省境内）之间，不作于四川成都期间。

常识二：茅屋为秋风所破，乃是偶发事件，并非常年如此。

基本史实一：杜甫一家在成都居住的四年多时间里，先后有高适、严武等在当地担任军政长官的"厚禄故人"以及表弟"王十五司马"等人，给他提供经营草堂住宅和一家老小衣食之资，相当丰厚。虽然有偶尔接济不上的时候，但总体而言，是衣食无忧的。

265

基本史实二：杜甫经营草堂之时，徐卿、萧实、何邕、韦班等州县长官提供树苗。杜甫栽种了桃树、绵竹、桤木、松树、李、黄梅等。其中，单是萧实提供的桃树苗，就有一百株。草堂规模，不难想见。

基本史实三：严武任西川节度使后期，曾力邀杜甫到自己幕府中担任参谋之职。后来，还向朝廷为杜甫争取了一个检校工部员外郎的荣誉职位。

基本史实四：杜甫在成都期间，写过数十首富有田园情趣、天伦之乐的诗歌。其中不少诗句，读之令人神往。例如："浣花溪水水西头，主人为卜林塘幽"（《卜居》），"万里桥西一草堂，百花潭水即沧浪"（《狂夫》），"舍南舍北皆春水，但见群鸥日日来"（《客至》），居住环境够美吧？"清江一曲抱村流，长夏江村事事幽"，"老妻画纸为棋局，稚子敲针作钓钩"（《江村》），"昼引老妻乘小艇，晴看稚子浴清江"（《进艇》），心情够悠闲吧？这些诗句，能不能算是诗情画意，能不能温暖人心呢？

写作此文，我更想表达的意思是：对于像杜甫这样的伟大诗人，只读几首入选语文课本或《唐诗三百首》中的作品，是远远不够的，得通读全集，最好是编年的全集，例如仇兆鳌的《杜诗详注》、杨伦的《杜诗镜铨》。否则，只凭借教科书中得来的有限知识，便率尔发表高论，是会害人害己的！

暮访石壕村

　　"暮投石壕村，有吏夜捉人。……吏呼一何怒，妇啼一何苦……"杜甫的《石壕吏》诗，情节完整，情感深挚，在我国堪称家喻户晓。故事之悲惨，传播之广泛，在著名的"三吏""三别"中，显得相当突出。前人有"丁男俱尽，役及老妇，较他首更惨"的说法。任何人，一旦读过这首诗，脑海里都会浮现出一个悲情小院的情景。"老妇出门看，老翁逾墙走……天明登前途，独与老翁别。"这个前有门后有墙的小院，以及这个小院人家悲惨的遭遇，如同镌刻在脑海里，经久难忘。

　　几年前，当我得知，在洛阳附近真的有个石壕村的时候，探访该村便成了我的一桩心愿。那是怎样的一个村子？村子有着怎样的环境？位于一马平川的土地上，还是依山傍水而建？村子里有汉柏唐槐一类曾经目睹过诗圣身影的古树吗？村子里会有关于《石壕吏》的纪念物吗？会有怎样的纪念物？会不会有好事者牵强附会地修建起一个院子，说它就是当年杜甫曾经投宿的地方？我的脑子里盘桓着许多诸如此类的疑问，挥之不去。大有不探访一次石壕村，我的心便不得安宁的意思。

一年国庆假期，我陪同妻子到她的娘家所在地义马市探亲。我于是利用这个机会探访石壕村，了一心愿。

在矿务局当了一辈子司机的岳父，是个文史爱好者，对中原地区尤其是洛阳偃师一带的古迹相当熟悉（石壕村就是他跟我说的）。我们到家后的第二天下午四点多钟，便浩浩荡荡地向陕县观音堂镇石壕村出发了。两辆车，共十二个人。

之所以选择四点多钟这个时间去探访石壕村，是为了更好地体验杜甫当年"暮投石壕村"的情景。暮色中，诗圣意外听到了一个底层百姓家庭的悲苦故事；暮色中，我要努力感受诗圣的悲悯情怀。

从义马到石壕村，只有三十多公里路程。本以为很快就能到达，但实际上走了一个多小时。道路并不拥堵，车开得慢的主要原因有三：一是道路情况比较混乱，行人车辆行进线路散漫；二是拉煤炭、砾石的大车较多（这一带有不少煤矿），这些大车负重大，车速慢，扬尘多；三是大部分路段路面起伏不平，坑坑洼洼的。煤矿星罗棋布的地区，运煤大车所到之处，尘土飞扬，道路坑洼，司空见惯。负责开车的年轻亲戚，很后悔没有走一段高速公路。

我们到达石壕村的时候，太阳很快就要下山了。加上天气阴沉，远处的山峦与丘陵，都成了一片黑影。石壕村笼罩在薄暮中。

本以为，石壕村跟其他北方地区常见的乡村一样，早已经面目全非，民居建筑全是新样式，古迹荡然无存，我只能大概了解一下村子的地理形貌和自然环境。不料，进村一看，颇有不少看起来非常古旧的房屋建筑。顿时有了时光倒流的感觉。仿佛，距离唐代并不遥远。

　　村子里有两块巨大的《石壕吏》诗碑，刻着整首《石壕吏》诗歌。可见，村民对杜甫在这村子住过一夜、写过一首反映该村一户村民悲惨遭遇的诗歌，非常看重，不乏自豪感。据说附近有个村子，在跟这村争夺《石壕吏》诗的诞生地，争得不亦乐乎。这可以说明，他们是以此为荣的。

　　正在我们准备打道回府的时候，有个村民告诉我们，当年杜甫投宿过的院子，还保存着，并且自告奋勇给我们带路。唐代民居保存至今，对这种说法，我当然抱着姑妄信之的态度，觉得好玩而已。心里多少有些怀疑是村民对外地人的忽悠。但是，看过院子，跟房主和带路者一番交谈，我有几分相信了。院子在村子的最北侧，依山而建，前半是房屋，后半是窑洞。院子规模不大，形制低矮，是一户普通人家的住宅。可以想象，逾墙走的老翁，逾的是后墙。出墙之后，在山坡树丛中藏身。

　　我无端地猜测，现房主可能是当年杜甫投宿时主人的后裔。相貌憨厚的雷保军一听，立即否定了我的猜测。他说肯定不是，家谱有记载，他家先人是明代才住进来的。我问雷保军，他凭什么认为，他家是杜甫曾经投宿的院子。他的回答是：没有什么记载，就是村子里一直有这种说法，不知道从何时开始的（离开院子，问过几个村民，都是这种说法）。

看着因为年代久远而显得破败的院子，听房主介绍，多年以来，曾有一些国内外研究杜甫的专家来看过。我随口说，政府应该拨点儿款修葺一下，或者干脆把这搞成一个纪念馆。结果，引起了房主和带路者的共鸣，他们异口同声地说，最好是搞成纪念馆。

我想起了"秀才人情纸半张"的老话，向他们表示，我愿意写文章替他们呼吁一下。当时，便跟他们要了纸笔，写下清人袁枚的两句诗"石壕村里夫妻别，泪比长生殿上多"，署了姓名作为留念。给他们出了个主意：以后再有人来参观，尤其是研究杜甫的专家，都要请他们签名留念，将来申请政府拨款保护，可以壮声势。

离开村子的时候，天已然全黑，伸手不见五指。岳父来过此地，记得不远处有古道遗迹。于是指挥司机，开车到了一处山岗。山岗上有尚未投入使用的景区建筑，拦住了通往古道的路径。借助汽车前大灯和手机电筒，我看了几块石碑和牌匾，得知这是开辟于先秦时期的崤函古道的石壕村段，也是古代丝绸之路的一段，"襟带两京"，地理位置十分重要，是汉唐时期长安与洛阳两座都城之间的必经之地。

观乎地理形势，石壕村这一段古道颇为凶险扼要。南边是巍峨崤山，北面不远处是九曲黄河，石壕村位于山谷地带，一条溪流自东而西蜿蜒流淌。不难想象，在人烟远无今天稠密的唐朝，在遭受安史乱军涂炭后的乾元年间（杜甫路过此地是乾元二年冬季，即公元 759 年），入夜时分的石壕村一带，很可能会有匪盗虫豸横行。总之，骑马赶路的杜甫必须在此投宿。作于同一时期同一趟旅途上的《冬末以事之东都，湖城东遇孟云卿，复归刘颢宅宿，宴饮散，因为醉歌》中有"湖城城东一开眼，驻马偶识云卿面"的诗句，《阌乡姜七少府设鲙，戏赠长歌》中有"东归贪路自觉难，欲别上马身无力"的诗句。

到了石壕村，我发现有一个相沿成习的错误需要更正，那便是：权威的编年杜诗本子例如杨伦的《杜诗镜铨》，把《石壕吏》排在《潼关吏》的后边。按照"三吏""三别"作于杜甫被贬为华州司功参军期间因事回了趟洛阳后返回华州途中的说法，他是自东而西旅行。时间地理顺序，都应该先《石壕吏》，后《潼关吏》。因为，石壕村在潼关的东边。由此可见实地考察对于研究学问的重要性。

到过石壕村，再来读《石壕吏》，感觉大不相同。至少，诗意更加具体可感了，阅读的亲切感大大增加了！

听金圣叹讲杜诗

　　人生憾事，宋代彭渊材、明代朱国桢有包括"恨鲥鱼多刺""恨海棠无香"等在内的"五恨"说法。近代小说家张爱玲，承绪前说，添"《红楼》未完"一恨。后来，又有人如法炮制，在前辈诸恨基础上，再增加一恨：《红楼》晚出未及金圣叹评点。

　　不难想象，倘若《红楼梦》问世于金圣叹之前，金圣叹将其列入历代才子书排行榜，评点一番，必定有许多精彩言论，令人解颐，增加人们对《红楼梦》的阅读兴趣和理解深度。因为，金圣叹凭借其对《水浒传》、《西厢记》、《左传》、杜甫诗等的出色评点，赢得了人们的敬佩和喜爱之情。普遍认为，金圣叹的评点，超越了前辈李贽，为后来者张竹坡辈所望尘莫及；金圣叹的评点，提高了通俗文学的地位。换言之，金圣叹堪称传统文艺批评家第一人！

　　金圣叹之所以广为人知，还有一个重要的原因，那便是他的言行怪异，出人意表。金圣叹因为跟一百多位秀才一起参与反对地方官贪污腐败的示威行动，被诬以"抗纳兵饷，鸣钟击鼓，聚众倡乱，震惊先帝之灵"诸罪名，于清顺治十八年七月十三日，即公元1661年8月7日，遭受"斩立决"的酷刑。临刑前夕，金圣叹留下了数则令人啼笑皆非的轶事：为了安慰小名为莲子、梨儿的两个儿子，从容道出了"莲子心中苦，梨儿腹内酸"的绝对；临刑当日，作家书，有"盐菜与黄豆同吃，大有胡桃滋味，此法一传，我无遗憾矣"；临刑之际，大呼曰"杀头至痛也，灭族至惨也，圣叹无意得此，呜呼哀哉，然而快哉"，然后引颈受戮（后两条据金清美《豁意轩录闻》）。古往今来，论黑色幽默，无出金圣叹之右者！

金圣叹除了是我国历代文人中行为最怪异的人物之一，也是见解观点最令人脑洞大开的一位文艺批评家。

这里，我们来看一看，金圣叹是如何评点杜甫诗的。

遗憾的是，金圣叹因为横遭杀身之祸，享年仅53岁（1608—1661），没能完成杜甫诗的评点工作。幸运的是，金圣叹"所批殆已过半"，即对一百六十余首杜甫诗的评点，已经有不少精彩的言论。生前友人金昌对金圣叹的杜诗评点有如下评价："余尝反复杜少陵诗，而知有唐迄今，非少陵不能作，非唱经（金圣叹书斋号唱经堂）不能批也。大抵少陵胸中具有百千万亿旋陀罗尼三昧，唱经亦如之。乃其所为批者，非但剜心抉髓，悉妙义之宏深，正复祛伪存真，得天机之剀挈"（《叙第四才子书》），虽有溢美，但大体合乎事实。

金圣叹的评点，有对词语运用、诗题取名、艺术结构等的分析，也有对思想情感的阐发。

例如，杜甫诗集开篇第一首《游龙门奉先寺》，金圣叹就对其诗题取名、词语运用、艺术结构等，作了如下精彩的分析："题是《游龙门奉先寺》，及读其诗起二句，却云'已从招提游，更宿招提境'。已字更字，是结过上文再起下文之法。今用此法……乃先生教人作诗不得轻易下笔也……题中自标'游'字，诗必成于宿后；如是，便将浅人游山一切皮语、熟语、村语，掀剥略尽，然后另出手眼，成此新裁。""日间一游，只为已尽招提，又岂知招提有境，乃在夜宿始见……三四（按指：阴壑生灵籁，月林散清影）此即所谓招提境也，写得杳冥澹泊，全不是日间所见。境字与景字不同，景字闹，境字静；景字近，境字远；景字在浅人面前，境字在深人眼底。如此十字，正不知是明是黑是风是月是怕是喜，但觉心头眼际有境如此。向使游毕即去，岂不终失此境。即使不去，而或日间先作一诗，彼一宿之后，岂不大悔哉！"

对于诗歌内容即所含思想情感的阐发，举两个例子。《望岳》"造化钟神秀，阴阳割昏晓"两句，金圣叹有如下阐发："先生望岳，直算到未有岳以前，想见其胸中咄咄。割昏晓者，犹《史记》云日月所相隐辟为光明也。一句写其从地发来，一句写其到天始尽。则十字写岳遂尽。"《巳上人茅斋》前四句"巳公茅屋下，可以赋新诗。枕簟入林僻，茶瓜留客迟"，金圣叹有如下点评："如云宿巳上人茅斋，则是赋宿者。今无宿

274

字，则是特赋巳上人也。何处无上人，何上人无茅斋，今都不见及，而独赋巳公。巳公未必荣，馀公实愧死矣。"下字甚毒，可以字严甚。世间无限丑态，都藏在三间屋下。故人前欹曹之人，皆屋下磬折之人也。可以赋诗者，是言巳公之屋下，可以赋诗，非言巳公可以赋诗也。如此行文，真是指吴山乃骂洞庭矣。入林即把臂入林字，入林而携枕簟，则轩车迎送之苦免矣。留客则用家常茶瓜，客是以反乐得而迟迟也。写巳公屋下，真素如见。"金圣叹的评点，因其用心细致，每每能够如放大镜、显微镜一般，给读者呈现出更加清晰可感的诗歌意蕴、景象。

金圣叹的精彩点评，较多地出现在一些非著名的诗篇上。一个可能的原因是，脍炙人口的名篇，历来阐发者众，不太容易翻出新意。而非著名篇什，有较大发挥空间，评点家可以驰骋其想象力，妙笔生花。五律《龙门》诗云："龙门横野断，驿树出城来。气色皇居近，金银佛寺开。往来时屡改，川陆日悠哉。相阅征途上，生涯尽几回。"这首诗，乍一看，像是没有多少感情的应景之作，一般杜甫诗选都不会选入它。但是，金圣叹独具慧眼，看出了这首诗中蕴含的人生大感慨。他说："前半何其热艳，后半何其悲凉。擘窠书此诗，勒石龙门下，必有读而哭，哭而回辕者！"前四句，他是这样分析的：前两句，写尽马迟人急。没有到龙门，还可以忍受。到了龙门，望见驿站树木，却不能立刻抵达，进京的急切心情不难想见。后两句，写尽进京之人。生长于偏僻地方，骤然来到京城，"惊心骇瞩，神明都丧"。有如俗语所说，"一日上杭州，三年说不了"。后四句，它是这样分析的："'屡改'字惨极，'悠哉'字尤惨极。此斜阳匹马，衰柳长堤，则古人之所留与今人，而今人用之不尽，又将留与后人者也。"他说，不但山川陆地，比人长存，就是小庭阶石、木榻瓦樽，这些日常相伴之物，也会不顾人的逝去而悠然存在。"彼自悠哉，既不我留，复不我送"，"只此川此陆，有无边人纷然而去，有无边人纷然而来，中间有尚来几回者，有更来一二回者，有止于此一回者……纵得还来几回，彼天下往来人，即岂有不尽之日哉"，此情此景，会思维有感情的人们，难免要百感交集，悲从中来。原来，这是对于世界长存、人生有涯的悲叹，是杜甫早年一曲生命的悲歌！

金圣叹的评点，方法上接近西方的文艺批评，尤其是二十世纪五六十年代风靡欧美的新批评派，那便是：细读。

《陪李金吾花下饮》："胜地初相引，徐行得自娱。见轻吹鸟毳，随意数花须。细草称偏坐，香醪懒再酤。醉归应犯夜，可怕李金吾。"这也是一首在杜甫诗集中并不引人注目的作品。粗心的批评家和文学史家，大约会认为，这不过是一首描写社交生活的寻常之作。但是，金圣叹的评点却指出，它是一首谐谑百出的妙诗。前四句，"虚隐陪字之意"；后四句，"实写陪字"。具体分析，有："题不云李金吾招饮，而云陪李金吾饮，不以主陪宾，反以宾陪主，滑稽之极。""首句妙在初字。有此胜景，自应频频招饮。而今乃始见招，何也？次句妙在徐字，初引之字，自应速速催赴，而乃慢慢起行，何也？

276

着此二句，则其见轻可知矣。""鸟鼍轻极之物，彼既意不在我，我意何尝在彼。今日为看花而来，则亦随意数花须而已。花须极难数，而得细细数之。想见一时宾主绝无唱酬，岑寂无聊之苦。""初引之客，不正坐，而只斜坐，是不以客礼相待也。不以客礼相待，是坐则陪之坐也。主人无量。仅仅竭壶而止，是不能尽先生之量也。不能尽先生之量，是醒亦陪之醒也。陪之坐，犹可言也，陪之醒，不可言也。"金吾，是负责皇城保卫的军官，职责所在，不允许客人深夜醉酒，因为醉酒必犯禁。有花无酒，诗人只能乘兴而来败兴而归。秀才遇到兵，诗人成为将军的座上宾，这是一次满拧（处处别扭）的邀饮，诗人很郁闷，而读者很开心。因为，杜甫非常巧妙、细致地刻画出了他赴宴的种种囧。没有金圣叹的评点，很少有人能够读出这些囧。

金圣叹的点评，因为用心细入毫发，往往能够揭示出诗歌深意。比如《城西陂泛舟》，粗心的读者很容易把它看成一首诗人参与其中的冶游诗。但是，金圣叹指出，"咏诗人却在陂岸上"。而且，整首诗所要表达的，是讽刺、劝诫奢侈淫乐的意思。最后两句，他甚至读出"使人务本重农之心"。

金圣叹点评杜诗，套路大致如上。精彩之处当然还有很多，难以悉数列举，这里只是举例而已。有兴趣的读者可以找来金圣叹的著作，自己去细细体会。

当然，必须指出，金圣叹的点评绝非尽善尽美。有些点评，不免有过度解读之嫌；有些点评，则是他在有意借题发挥，偏离了杜甫诗歌本意。例如，《江村》诗中"老妻画纸为棋局，稚子敲针作钓钩"两句，他认为含有连至亲至稚的家人都"此疆彼界抗不相下""拗直作曲诡诈万端"的意思。一首表现闲适生活的诗，被金圣叹读出了"声声泪，点点血"！

辑四 | 杜甫的影响

唐人眼中哪些诗人最大牌？

　　当代人眼里，唐代诗人中，较为大牌的大概是杜甫、李白、白居易、王维、李商隐、李贺、柳宗元、刘禹锡、杜牧、韩愈、陈子昂、韦应物等人。但是，这个排行榜并非自古皆然的，上榜的诗人以及他们的排名情况，历代都有不同。

　　那么，唐代人眼里的诗人排行情况或者说知名度是怎样的呢？

　　要想准确了解这方面的信息，不是一件容易的事，至少得研究作品在当时的传播情况、评论家们对他们艺术成就的评价、各种文献对诗人生平事迹及趣闻逸事的记载等。这里不是写作学术论文，因此，用了一种取巧的办法：看不同的作家作品在当时各种选本中的出现情况。出现越多，知名度越高；反之，则越低。

　　作品选本固然首先体现的是编选者的审美趣味和鉴赏眼光，带有相当程度的个人色彩。但是，不得不承认，一个好的选本，往往能大致反映出作家们在当时的受欢迎程度；与此同时，它们也可以对作家们的知名度产生直接的影响，许多作家的知名度主要就是通过作品选建立起来的。

唐代人选唐诗的本子，专家估计有过二十多种，但流传至今的只有十种。这十种选本的情况也不太一样，有的是较为正式、全面的筛选，有的只是随意、小范围的筛选；另外，它们编选、刊印的时间也各不相同。总之，它们反映唐代诗人知名度的准确性是有限的。

现存十种唐人选诗的本子是：《唐写本唐人选唐诗》（佚名），《箧中集》（元结），《河岳英灵集》（殷璠），《国秀集》（芮挺章），《御览诗》（令狐楚），《中兴间气集》（高仲武），《极玄集》（姚合），《又玄集》（韦庄），《才调集》（韦縠），《搜玉小集》（佚名）。

根据上述十种本子，我们得到如下两个大致情况：

一、入选本子数量较多的诗人。有：李白、王昌龄、高适、王维、孟浩然、宋之问、沈佺期、刘希夷、钱起、郎士元、崔颢、韦应物、李颀、崔国辅、綦毋潜、温庭筠、李益、卢纶、张籍、丘为、皇甫冉、戴叔伦、司空曙、李商隐、于良史、李嘉祐、常建、唐彦谦、罗隐、曹唐、薛逢、元稹、白居易、刘长卿、孟云卿、杜审言、贾岛等人，他们至少都入选两种以上的选本。

二、入选作品数量。分两种情况：

同时在两种选本中入选诗歌数量名列前茅的诗人有：王昌龄，《唐写本唐人选唐诗》选收 17 首，《河岳英灵集》选收

282

16首；钱起，《中兴间气集》选收 12 首，《极玄集》选收 8 首；郎士元，《中兴间气集》选收 12 首，《极玄集》选收 8 首。

在某一种选本中入选诗歌数量名列前茅的诗人有：李白，《唐写本唐人选唐诗》选收 43 首；常建，《河岳英灵集》选收 15 首；王维，《河岳英灵集》选收 15 首；崔国辅，《河岳英灵集》选收 13 首；高适，《河岳英灵集》选收 13 首；卢僎，《国秀集》选收 13 首；孟浩然，《国秀集》选收 7 首；崔颢，《国秀集》选收 7 首；李益，《御览诗》选收 36 首；卢纶，《御览诗》选收 32 首；杨凝，《御览诗》选收 29 首；皇甫冉，《中兴间气集》选收 13 首；耿湋，《极玄集》选收 8 首；司空曙，《极玄集》选收 8 首；杜甫，《又玄集》选收 7 首；韦庄，《才调集》选收 63 首；温庭筠，《才调集》选收 61 首；李商隐，《才调集》选收 40 首；宋之问，《搜玉小集》选收 6 首；崔湜，《搜玉小集》选收 4 首。

唐人选唐诗，有两点情况值得注意：其一，现在公认的伟大诗人杜甫，在当时并非选本常客，只有韦庄的《又玄集》一种选了他的作品；其二，选本常客中，有不少人在后代逐渐被人遗忘，到今天已经几乎无人问津，例如崔国辅、崔湜、郎士元。

杜甫的遭遇特别值得一说。据杜甫自己叙述，他是早慧的诗人。七岁时已经会写诗（"七龄思即壮，开口咏凤凰"），十四五岁开始参加诗坛聚会，并且得到好几位前辈名流的称赏。中年以后，诗名逐渐扩大。江南一带出现了他的诗歌刻本，韦迢、郭受、任华等同时代人曾经极口称赞他的诗歌成就。但是，总的来说，杜甫生前，诗名不是很盛。杜甫诗歌，大约是在元稹写出他的墓志铭之后，才名声鹊起的。元稹是杜甫死后九年才出生的诗人，他在墓志铭中给予杜甫诗歌以空前高度的评价，认为杜甫诗歌的艺术成就超过了李白，是一位集大成的诗人。诗人张籍喜爱杜诗，达到痴迷程度，竟然把杜诗抄本烧灰服下，希望这样能够使自己写出好诗。编辑《又玄集》的晚唐诗人韦庄，也是杜甫的崇拜者，他不但把杜甫诗歌作为首选，同时还在成都浣花溪畔杜甫草堂旧址重修草堂，以表达对杜甫的怀念景仰之情。

诚然，唐代诗人们在今天的名声，不能说就是最后的结果。艺术作品的命运取决于人们的审美观念和趣味，会表现出一定的时代性，会随着时代的不同而有沉浮，有反复。但是，这仍然不妨碍我们悟出这样一个道理：一个诗人，一个作家，一个艺术家，他在当代的名声，不一定等于他身后的名声；当代很火的作家，很可能在他死后变为默默无闻，而与此同时，一些生前寂寞的作家，却完全可能于死后名声鹊起，乃至名垂千古。

杜诗对汉语的伟大贡献

伟大诗人杜甫，一生不懈追求诗歌艺术的创新。"为人性僻耽佳句，语不惊人死不休"（《江上值水如海势，聊短述》），表现的是他对待整个诗歌艺术创作过程超乎寻常的认真态度，并非单指语言创新。但是，我们这里故意望文生义，将其狭义化地理解为语言创新，也仍然适合用来评价杜甫一生一个方面的成就。简单地说，我认为，杜甫应该是唐代乃至整个中国文学史上对汉语贡献最伟大的诗人。

杜甫对于汉语的贡献，主要有如下三个方面：

一、开创了吸收底层百姓口语词汇入诗的传统。大约从《诗经》时代起，士大夫阶层作诗，就都是使用"雅言"的——古时候的标准语书面语，类似于今天的普通话——他们根本瞧不起底层百姓的日常口语和方言土语。杜甫是第一个最瞧得起底层百姓口语和方言土语的著名诗人，因为没有一位诗人曾经像杜甫那样，把那么多百姓口语、方言土语引入诗歌。举例来说，量词"个"，副词"着"，动词"吃"，形容词"臭"、"肥"、"逼仄"，颜色词"乌"，名词"娘"等，他都堂而皇之地写入自己的诗篇：

个：峡口惊闻猴一个 / 两个黄鹂鸣翠柳 / 却绕井栏添个个

着：客睡何曾着

吃：对酒不能吃 / 楼头吃酒楼下卧 / 但使残年饱吃饭 / 梅熟许同朱老吃

臭：朱门酒肉臭 / 富家厨肉臭

肥：肥男有母送

逼仄：逼仄何逼仄

乌：乌几伴栖迟 / 为客裁乌帽

娘：爷娘妻子走相送

唐代诗人中，当然也有个别人、个别时候将底层百姓口语和方言土语写入诗歌的。但是，像杜甫这么多、这么热心吸收口语、方言词汇，绝无第二人。杜甫的这一特点深刻地影响了后来的许多诗人。这种影响究竟使得多少百姓口语词汇进入了士大夫的诗歌，进入了"雅言"，很难统计出具体数字。但是，他树立的这种亲近百姓口语的创作态度，促使相当一部分士大夫诗人在从事创作时，能把百姓口语作为自己诗歌语言的源头活水。换言之，使得士大夫诗人不断地从百姓口语中吸收

286

新鲜词语，丰富各个时期的汉语文学语言（书面语言）。正是杜甫重视百姓口语词汇的态度，使之形成一种传统或作为一种精神，深刻地影响了他之后的汉语书面语言。

二、杜甫的许多诗句成为历代人们引用不辍的名言。例如：

> 会当凌绝顶，一览众山小。（《望岳》）
>
> 渭北春天树，江东日暮云。（《春日忆李白》）
>
> 烽火连三月，家书抵万金。（《春望》）
>
> 酒债寻常行处有，人生七十古来稀。（《曲江二首》）
>
> 人生不相见，动若参与商。（《赠卫八处士》）
>
> 露从今夜白，月是故乡明。（《月夜忆舍弟》）
>
> 文章憎命达，魑魅喜人过。（《天末怀李白》）
>
> 朱门酒肉臭，路有冻死骨。（《自京赴奉先县咏怀五百字》）
>
> 出师未捷身先死，长使英雄泪满襟。（《蜀相》）
>
> 好雨知时节，当春乃发生。（《春夜喜雨》）
>
> 新松恨不高千尺，恶竹应须斩万竿。（《将赴成都草堂途中有作先寄严郑公五首》）
>
> 尔曹身与名俱灭，不废江河万古流。（《论诗绝句六首》）
>
> 无边落木萧萧下，不尽长江滚滚来。（《登高》）

我想不出，中国古今诗人中，还有哪位创造的名句数量和被引用次数能够比得上杜甫的。

三、杜甫创造了一批一直被人民大众广泛使用的词语。其中有些今天已经成为固定词语、成语，在今天看来，仍然十分鲜活。固定词语如：

古稀（《曲江二首：人生七十古来稀》）

冰雪聪明（《送樊二十三侍御赴汉中判官》：冰雪净聪明）

衮衮诸公（《醉时歌》：衮衮诸公登台省）

成语如：

残山剩水（《陪郑广文游何将军山林十首》）

炙手可热（《丽人行》）

别开生面（《丹青引赠曹将军霸》）

惨淡经营（同上）

明眸皓齿（《哀江头》）

历历在目（《历历》）

白云苍狗（《可叹》）

指挥若定（《咏怀古迹五首》）

射人先射马，擒贼先擒王（《前出塞九首》）

古今诗人之中，杜甫创造的固定词语、成语应该是最多的。请注意，汉语成语体系在春秋战国时期已经大致建构完成。公元八世纪的杜甫，还能有这么多贡献，堪称奇迹！

一种语言，尤其是像汉语这样使用人口众多、历史悠久、文献浩瀚的语言，如长江大河，浩浩荡荡，奔流不息；一个作家，无论从当代看是如何的名声显赫，粉丝群体庞大，被请去到处演讲，俨然功在千秋。而实际上，根本不需要经过一百年，就湮灭无闻了。即使不湮灭无闻，那个时候的汉语，大约也是留不下他们的一星半点痕迹的。经过了一千二百多年的岁月淘洗，汉语中还有这么多杜甫创造的东西保存着，运用着，鲜活着。杜甫，真正不朽的伟大作家。清人赵翼的"江山代有才人出，各领风骚数百年"向称名句，依我看，它是常常与实际情况并不相符的。真正的天才，如杜甫，他们所领的风骚，何止数百年！

杜诗赚了多少历史名人的眼泪？

杜牧有诗句云："杜诗韩集愁来读，似倩麻姑痒处搔"（《读韩杜集》）。其实，杜甫的许多诗句，远不止挠痒痒令人舒服这么简单，它们还会令人内心情绪为之怦然，为之汹涌，为之澎湃，难以自抑，直至潸然泪下。

宋代诗人韩维《读杜子美诗》，描述一天夜里在家中朗读杜甫诗时的情形，"壮哉起我不暇寐，满座叹息喧中堂"。唐宋以来，被杜甫诗句感动、震撼、赚过眼泪的历史名人，不计其数。

从情理上推测，写过"李杜文章在，光焰万丈长"，"夜梦多见之（按：指杜甫），昼思反微茫"等诗句的韩愈（见其《调张籍》），称赞杜甫诗歌"上薄风骚，下该沈宋，古傍苏李，气夺曹刘，掩颜谢之孤高，杂徐庾之流丽，尽得古今之体势，而兼人人之所独专"的元稹（见其《唐检校工部员外郎杜公墓系铭》），见到杜甫画像时"再拜涕泗流"、希望杜甫活过来以便拜其为师不离左右的王安石（见其《杜甫画像》），应该都是被杜甫诗句赚过眼泪的。推崇一个人达到那样的地步，言行表现，不会逊色于当今那些狂热追捧演艺明星的少男少女粉丝们，激动、流泪，乃是正常情况。

事实上，史书中也不乏历史人物被杜甫诗感动、赚了眼泪的记载。

《宋史·宗泽传》记载，抗金名将宗泽病重垂危，属下诸将前去看望。宗泽嘱咐他们要为大宋王朝效命，尽力歼敌。"众皆流涕曰：'敢不尽力！'诸将出，泽叹曰：'出师未捷身先死，长使英雄泪满襟。'翌日，风雨昼晦，泽无一语及家事，但连呼'过河'者三而薨。"显然，宗泽对杜甫《蜀相》诗中感慨诸葛亮一生命运的最后两句诗，深有感触。

宋末抗元英雄文天祥，早年并不怎样喜欢杜甫诗。但是，自从遭受了亡国之痛、经历了诸多磨难以后，变成了杜甫诗的狂热爱好者。坐在幽燕元人的监狱（在今北京）里，天天读杜甫诗。读得熟了，又用杜甫五言诗句集成绝句，以表现自己的心情感慨。所集绝句，多达二百首！他在《集杜诗·自序》中说："凡吾意所欲言者，子美先为代言之。日玩之不置，但觉为吾诗，忘其为子美诗也……子美于吾，隔数百年，而其言语为吾用，非性情同哉！"在《读杜诗》中，文天祥说得更加明白："平生踪迹只奔波，便是文章被折磨。耳思杜鹃心事苦，眼看胡马泪痕多。"杜鹃心事，大概跟杜甫《杜鹃行》诗"君不见昔日蜀天子，化作杜鹃似老乌。寄巢生子不自啄，群鸟至今与哺雏。虽同君臣有旧礼，骨肉满眼身羁孤"云云有关。

如果说，宗泽、文天祥的事迹中，眼泪都并未以明白、直接的形式出现。那么，我们也可以举出明白、直接地出现了眼泪的记载。陆游《东屯高斋记》："少陵，天下士也。遭遇明皇、肃宗，官爵虽不尊显，而见知实深，盖尝慨然以稷契自许。及落魄巴蜀，感汉昭烈帝诸葛丞相之事，屡见于诗。顿挫悲壮，反复动人，其规模志意岂小哉。然去国寖久，诸公故人熟睨其穷，无肯出力，以至夔，客于柏中丞、严明府之间，如九尺丈夫，俯首居小屋下，思一吐气而不可得。予读其诗，至'小臣议论绝，老病客殊方'之句，未尝不流涕也。嗟夫，辞之悲乃至是乎！荆卿之歌，阮嗣宗之哭，不加于此矣。少陵非区区于仕进者，不胜爱君忧国之心，想少出所学以佐天子，兴贞观开元之治。而身愈老，命愈蹇，坎壈且死，则其悲至此，亦无足怪也矣。"

一辈子做着收复中原失地的美梦的爱国诗人陆游，说的是杜甫的故事，里边包含的，却也是陆游本人的遭遇与心境，或曰借杜甫这杯陈年老酒，浇自家胸中块垒。

生前有知音

    杜甫晚年作于湖南境内的《南征》诗，表达的是，尽管已经年老体衰，漂泊他乡，艰辛备尝，但内心的思君恋阙之情并未减少。诗的最后两句，来得尤其沉痛凄楚："百年歌自苦，未见有知音。"一生苦苦追求的诗歌艺术，"语不惊人死不休"，千锤百炼的心血结晶，无人理解，无人欣赏，这是多么悲哀的事情！

    杜甫生前，真的没有理解、欣赏他诗歌艺术的人吗？

    当然不是。

    杜甫的交友情况、杜甫诗中自述、杜甫生前友人的称述赞扬，都足以说明，杜甫的诗歌在他生前便已经好评如潮，声名远扬，有许多知音——用今天的话说，粉丝很多。

    杜甫为人，少年老成，结交朋友的时候，有一个特点，"脱略小时辈，结交皆老苍"（《壮游》）。就是说，他不太瞧得起同龄人。因此，他交往密切的朋友中，就有不少比他大许多的人，孟浩然大他 23 岁，郑虔大他 18 岁，高适大他 12 岁，李白、王维大他 11 岁。这些人，在杜甫未成年时期，便已经名满天下。他们之间的交往，两情相洽，并非杜甫剃头挑子一头热。换言之，这些前辈诗人也是欣赏杜甫的诗歌才华的。否则，也不会跟他做朋友。曾有不少人以杜甫写过许多深情思念李白的诗篇，而李白较少此类作品，否认李白对杜甫的赞许和友情。这种说法是非常荒唐的。杜甫赞许、思念李白的作品比较多，李白赞许、思念杜甫的作品比较少，可能有李杜二人性格差异导致倾诉友情的方式不同、李白诗歌散失严重等原因。实际上，李白写过"思君若汶水，浩荡寄南征"（《沙丘城下寄杜甫》），"相失各万里，茫然空尔思"（《秋日鲁郡尧祠亭上宴别杜补阙范侍御》），"何时石门路，重有金樽开"，"飞蓬各自远，且尽手中杯"（《鲁郡东石门送杜二甫》）等诗句，一个喜欢以飘逸潇洒形象示人的诗人，能说出这些无限深情的话语，足以证明，李白对杜甫的感情是很真挚的，对杜甫的诗歌才华是很欣赏的。杜甫至少有两次，跟王维、高适诸人同题酬唱，一次是跟高适、岑参、储光曦、薛据等人游览慈恩寺塔（即大雁塔）后分头作诗，一次是跟王维、岑参等人和贾至的《早朝大明宫》诗。相互唱和，说明有诗歌交情。今天重读他们的酬唱诗歌，也不难看出，杜甫的诗歌，有王维、高适所不及处。

杜甫虽然没有他祖父杜审言狂傲，但也不是一个谦虚慎言的人。他的诗，尤其是意在求人汲引举荐的"干谒"诗中，他人对自己才华的肯定、赞扬，杜甫也多次坦然道出，并不含蓄。例如，《奉赠韦左丞丈二十二韵》："甫昔少年日，早充观国宾。读书破万卷，下笔如有神。赋料扬雄敌，诗看子建亲。李邕求识面，王翰愿卜邻。""每于百僚上，猥诵佳句新。"《壮游》："往昔十四五，出游翰墨场。斯文崔魏徒，以我似班扬。七龄思即壮，开口咏凤凰。九龄书大字，有作成一囊。"《莫相疑行》："集贤学士如堵墙，观我落笔中书堂。往时文采动人主，此日饥寒趋路旁。"这种涉及他人评价的诗句，固然有炫耀的成分，但应该不至于造假。因为有些当事人尚健在人世，杜甫一定不敢真人面前打诳语。总之，这些话，基本上是可以采信的。

更能够证明杜甫诗歌被当时人喜爱、推崇，最直接有力的证据，自然是同时代诗人的肯定与称赞。

高适《赠杜二拾遗》"草玄今已毕，此外复何言"，用的是扬雄的典故。汉哀帝时，奸佞用事，趋炎附势者个个飞黄腾达。扬雄并未随波逐流，他以写作《太玄》，淡泊自守。后来，人们就用"草玄"指淡泊名利，潜心著述。这两句诗，表明高适对杜甫人品的赞许，对他诗歌成就的肯定。言语之间，官运亨通的高适明显有自愧不如的意味。

钱起《江行无题一百首》其十八云"不识相如渴，徒吟子美诗"。这位钱起，在今天的文学史书中地位不高，但他生前却无疑是诗坛一颗十分耀眼的明星：参加进士考试时写出的"曲终人不见，江上数峰青"两句诗，不胫而走，妇孺皆知；他是"大历十才子"之一，跟郎士元齐名，号称"前有沈宋，

295

后有钱郎"；朝廷公卿到外地任职，如果钱起、郎士元没有写饯行诗，会被当时人瞧不起的。这样一个诗人，以"吟子美诗"（杜甫的诗）抒情言志，可见心里对杜甫诗是相当推崇的。

严武《寄题杜二锦江野亭》云"漫向江头把钓竿，懒眠沙草爱风湍。莫倚善题鹦鹉赋，何须不著鹓鹬冠。腹中书籍幽时晒，肘后医方静处看。兴发会能驰骏马，应须直到使君滩。"严武虽然年岁略小于杜甫，但是，少年得志，官至成都尹、川西节度使，贵为一方诸侯，而且从他为数不多的传世诗歌看，他的文学修养也相当高。这首意在劝说杜甫到其幕府任职的诗歌，"莫倚善题鹦鹉赋，何须不著鹓鹬冠"，把杜甫比作三国狂生祢衡固然不甚恰当，但是，也可以看出他对杜甫文采的认可。

韦迢《潭州留别杜员外院长》"大名诗独步，小郡海西偏"，郭受《杜员外兄垂示诗因作此寄上》"新诗海内流传遍，旧德朝中属望劳""春兴不知凡几首，衡阳纸价顿能高"。两位诗人的赞誉，当是实情的反映。

杜甫生前诸多友人中，对他诗歌艺术成就认识最到位、赞美的话语说得最淋漓充分的，是一位不太知名、生平事迹不详的诗人——这位"曾读却无限书，拙作一句两句在人耳"（读书很多，有一两句诗流传于世）的小诗人，却是大唐第一慧眼之人。杜甫之外，诗人李白、书法家张旭，他都有过交往，而且各写过一篇洋洋洒洒的杂言诗，对他们的艺术进行了热情洋溢的赞美，完全超越了当代文艺批评中因矜持谨慎而必致的

296

局限。他，叫任华。让我们记住这个名字吧。任华《杂言寄杜拾遗》前半首诗基本上都是对杜甫其人的思念与仰慕，对杜甫其诗的赞美与推崇，请看："杜拾遗，名甫第二才甚奇。任生与君别，别来已多时，何尝一日不相思。杜拾遗，知不知？昨日有人诵得数篇黄绢词，吾怪异奇特借问，果然称是杜二之所为。势攫虎豹，气腾蛟螭，沧海无风似鼓荡，华岳平地欲奔驰。曹刘俯仰惭大敌，沈谢逡巡称小儿。昔在帝城中，盛名君一个。诸人见所作，无不心胆破。郎官丛里作狂歌，丞相阁中常醉卧……"在任华看来，曹植、刘桢、沈约、谢朓这些公认的前朝诗坛大佬，在杜甫面前，都不过是手下败将、小儿科诗人。

樊晃不是杜甫的同时代人，但是他的《杜工部小集序》中所说的"文集六十卷，行于江汉之南"，有可能是杜甫生前的事情。尽管"江左词人所传诵者，皆公之戏题剧论"之作，但是，毕竟也是一种理解和欣赏。

我认为，杜甫"百年歌自苦，未见有知音"，所指的并非自己的诗歌无人理解，而是对自己在诗歌中一再表现、抒发的志向怀抱无人理会以至于一生命运坎坷的慨叹，很悲凉的慨叹。

当杜甫遭遇"文革"

唐代诗人杜甫，生于玄宗先天元年（712），卒于代宗大历五年（770）；"文革"，发生于二十世纪中叶（1966—1976）。两者之间，时隔1100多年。杜甫与"文革"，原本是风马牛不相及的人与事。但是，两者之间偏偏发生了关系。落笔写这篇小文章之前，我曾想用《假如杜甫遭遇"文革"》为题，一落笔就发现不妥。因为，杜甫已经实实在在遭遇过"文革"了，不需要假设。

说杜甫已经遭遇过"文革"，我指的是：杜甫在"文革"时期受到了"文革"方式的批判。杜甫不是普通人，是"诗圣"。因此，他的待遇也相当之高，批判他的人，不是乳臭未干的红卫兵小将，而是一个地位很高、名气很大的人物——郭沫若先生。在"文革"尚处于如火如荼时期的1972年，郭沫若先生出版了据说是十年"文革"中全国唯一的一本中国古代文学研究专著——《李白与杜甫》。凑巧的是，郭沫若先生的这本著作也是我平生阅读的第一本文学研究专著。我念初中的时候，在一位语文老师办公室兼卧室的书架上看到了这本书，向他借阅过一段时间。

在《李白与杜甫》一书中，郭沫若先生用阶级分析的方法，对杜甫的思想和诗歌进行了令人"耳目一新""过目难忘"的分析。这从《李白与杜甫》一书中关于杜甫部分的题目上已经可以一目了然：《杜甫的阶级意识》《杜甫的门阀观念》《杜甫的功名观念》《杜甫的地主阶级生活》《杜甫的宗教信仰》……为了便于没有读过《李白与杜甫》一书的朋友领略郭沫若先生的阶级分析法的奇妙之处，下边选取《杜甫的阶级意识》一节的部分内容，做一点儿简单的介绍。

"朱门酒肉臭，路有冻死骨"（《自京赴奉先县咏怀五百字》）是杜诗名句，深刻揭露、辛辣批判了贫富不均的社会现象。千余年后的今天，我们读起来还是会受到震撼，会被诗人敢于为穷苦百姓仗义执言的精神所感动。但是，郭沫若先生不是这样的。他在承认诗人的难能可贵之后，也对诗人提出了更高的要求："既然认识了这个矛盾，应该怎样来处理这个矛盾？也就是说：你究竟是站在哪一个阶级的立场，为谁服务？"按照郭沫若先生的逻辑，杜甫如果真的是为人民、百姓利益考虑的，就应该立刻去发动农民起义或者新民主主义革命，或去梁山泊，或上井冈山，去推翻统治者，消灭地主阶级，建立一个人人平等、按需分配的社会。

"三吏""三别"历来被认为是杜甫诗歌的代表作，也是中国文学史上现实主义风格的典范作品。作品中饱含的忧国忧民、关心时事、体恤弱小等情怀，感动着一代代的读者。因为有研究专家称赞"三吏""三别"是最富有人民性的作品，郭沫若先生就大为不满，逐一进行了批驳。《垂老别》和《潼关吏》两首作品，郭沫若先生没有直接、明确的批驳意见。其他四首，他都有所批驳。

他认为《新婚别》"把新娘写得十分慷慨，很识大体，很有丈夫气"，是经过诗人理想化的人物，是"以地主生活的习惯来写'贫家女'"。因为，"真正的'贫家女'是不能脱离生产劳动的"，不至于"父母养我时，日夜令我藏"，"这显然是诗人的阶级意识在说话"。郭沫若先生认为，这个送郎从军的"贫家女"故事写得不够真实。

《无家别》是"三吏""三别"六首作品中郭沫若先生评价最高的一首。尽管如此，他还是有一点大大的不满：杜甫只提出问题（战乱时期百姓难以生存的问题），没有写出答案。郭先生认为答案只能有两个，"只好造反"和"没有办法"。他根据杜甫诗歌的"情调"和诗人的"意识"，断定杜甫所能提供的答案只能是后者，即"没有办法"。

郭先生也肯定了写《新安吏》的诗人有同情心、表示了相当的愤激，承认"旧时代的诗人能写出这样的诗来，的确是很少见的"。但是，"使人民受到这样的灾难到底是谁的责任？应该怎样才能解救这种灾难？"诗人都"讳莫如深，隐而不言；而只是怨天恨地，只是对于受难者一味的劝解和安慰"，郭先生对此非常不满，他断言："故诗人的同情，应该说是廉价的同情；他的安慰，是在自己安慰自己；他的怨天恨地是在为祸国殃民者推卸责任。"

《茅屋为秋风所破歌》，是杜甫又一首关心人民疾苦的名作。但是，这一首诗令郭沫若先生不满的地方也更多。"……屋顶的茅草有三重。这是表明老屋的屋顶加盖过两次。一般地说来，一重约有四五寸厚，三重便有一尺多厚。这样的茅屋是冬暖夏凉的，有时候比起瓦房来就还要讲究。"因此，他认为，"茅草被大风刮走了一部分"，杜甫不该"怨天恨人"。更使郭先生吃惊的是，杜甫竟然"骂贫穷的孩子们为'盗贼'"，而自己的孩子则是"娇儿"。"他在诉说自己的贫困，他却忘记了农民们比他穷困百倍"。"安得广厦千万间，大庇天下寒士俱欢颜……吾庐独破受冻死亦足！"对这几句诗，郭先生也有新的看法："……诗中所说的分明是'寒士'，是在为还没有功名富贵的或者有功名而无富贵的读书人打算，怎么能够扩大为'民'或'人民'呢？农民的儿童拿去了一些被风吹走的茅草都被骂为'盗贼'，农民还有希望住进'广厦'里吗？那样的'广厦'要有'千万间'，不知道要费多大的劳役……如果那么多的'广厦'真正像蘑菇那样在一夜之间涌现了，诗人岂不早就住了进去，哪里还会冻死呢？"

……

可见，杜甫也未能幸免于"文革"，被郭沫若先生革了一下命。所幸没有人（？）循着郭沫若先生的思路继续深入分析、批判杜甫及其诗歌，所幸郭先生的这一部"希旨"之作（据说毛泽东同志在郭沫若先生面前流露过自己喜欢李白而不喜欢杜甫的意思）并没有得到毛泽东同志的青睐，所幸杜甫已经于1200多年前死去。——想起来，真是令人不寒而栗！

学者们怎样看"杜甫很忙"

2012 年 7 月 20 日至 23 日，四川成都举行了"杜甫诞生1300 周年纪念大会暨四川省杜甫学会第十六届学术年会"。活动规格之高、规模之大、嘉宾之众，均大超当地此前同类活动，据说也是当年各地纪念杜甫活动之最，故堪称盛会。其中，单是与会的杜甫研究者，就有一百多人，提交论文一百篇。我虽然已经多年没写研究杜甫及其诗歌的学术论文，但也受到了大会组织者的邀请。

正襟危坐的学术探讨之余，杜甫研究者们很自然地谈到了网络上的"杜甫很忙"事件。

据介绍，"杜甫很忙"系列漫画在网络上疯传的时候，有人怀疑是成都杜甫草堂所为。草堂方面对这种怀疑当然深感无奈。因此，杜甫草堂博物馆副馆长王飞兄，就在会上会下一再加以澄清，称杜甫草堂是杜甫诗歌文化的研究机构和宣传普及单位，所有工作人员都对杜甫充满崇敬之情，不可能做出这种恶搞杜甫的事情来。

据说，"杜甫很忙"漫画风靡网络之时，有关方面"很生气"，认为这是对伟大诗人杜甫、对祖国文化遗产的一种亵渎玷污。

与会的杜甫研究者们，不少人的认识与此不谋而合，认为那是一次恶搞事件，是对伟大诗人杜甫的大不敬行为，应该予以谴责。有人在发言时，情绪激动，忧心忡忡，措辞严厉，仿佛杜甫从此光辉不再，大有誓与恶搞者拼个你死我活的架势。

当然也有研究者持不同意见，指出："杜甫很忙"系列漫画制造者，对杜甫其实并无恶意，是有底线的。那就是，漫画中套用在杜甫身上的各种各样著名动漫形象，虽然不免滑稽可笑，但都不是令人憎恶的反面角色，比如恶魔。因此认为，这一次网络事件，对宣传杜甫，还是有正面作用、积极意义的，应该加以肯定。

对"杜甫很忙"事件，我从来不是"愤怒派"。在这次讨论会上，我发表了大致如下的观点："杜甫很忙"不管是起源于某中学生课堂上语文课本中的信手涂鸦，还是网络推手有组织有计划的炒作，它能引起如此广泛的关注，说明背后有值得我们思索的原因，不能简单地加以否定。

具体地说，它有如下一些可能的原因：

一是折射了当今人们"娱乐至死"的心态。杜甫尽管头上有着"诗圣""爱国诗人""人民诗人"等庄严肃穆、光芒四射的桂冠高帽，但也不妨放下身段，走下神坛，做一回反串演员，cosplay一下，娱乐娱乐大众。

二是表达了人们对我国主流传统教育宣传方法的不满情绪。说杜甫是一位忧国忧民、敢于揭露社会黑暗、为下层百姓呐喊最多的诗人，这些都符合事实。但是，真正的杜甫，也绝不是教科书里呈现给人们的那一副苦大仇深、愁眉苦脸的形象，并非只有"穷年忧黎元，叹息肠内热"一种表情。事实上，杜甫喜欢游山玩水，擅长骑马（"放荡齐赵间，裘马颇清狂"），能唱歌（"春歌丛台上"），爱喝酒（"性豪业嗜酒"），爱美食（《阌乡姜七少府设鲙，戏赠长歌》《病后遇王倚饮，赠歌》等可证），说话幽默（不会幽默的人绝对写不出《饮中八仙歌》《遭田父泥饮，美严中丞》这样的诗），深爱他的妻子杨氏（"香雾云鬟湿，清辉玉臂寒""夜阑更秉烛，相对如梦寐""老妻画纸为棋局"），对孩子亲切慈祥（"问事竞挽须，谁能即嗔喝"），喜欢观看舞蹈（《观公孙大娘弟子舞剑器行》可证），喜欢听演唱会（《听杨氏歌》《江南逢李龟年》可证），曾经参加贵族公子、地方官员发起的冶游活动（《陪诸贵公子丈八沟携妓纳凉，晚际遇雨二首》《数陪李梓州泛江，有女乐在诸舫，戏为艳曲二首赠李》等可证）。总而言之，杜甫是一个富有情趣、妙趣横生、可亲可爱的人。这一点上，不客气地说，我们杜甫研究者，也有一定的责任。

三是反映了人们对多元文化的向往心情。十几亿人口的大国，只能发表一种意见，发出一种声音，现出一副表情，是

305

非常可怕的。"杜甫很忙"，选中知名度极高的杜甫标准像（蒋兆和先生的绘画居功至伟），进行颠覆，进行多样化，可以说是对一种思想、一种声音、一副表情的时代的反思和讽刺。

四是表现了人们对杜甫关心现实的一种认识。杜甫是现实主义诗人，他关心国家，关心社会，关心百姓疾苦。"杜甫很忙"漫画系列，让杜甫穿越到现代，到外国，某种意义上跟杜甫生前的脾气秉性是一脉相承的。

其实，一切网络事件，即使是恶搞事件，终究只是浮云，伟大诗人如泰山，如北斗星，是不会受到丝毫损害的，大家尽可以把心放在肚子里。

辑五 │ 李白与杜甫

与李白互粉

历史上一些文论家和许多不曾认真通读过李白、杜甫诗集的朋友，有一种影响不小的观点：认为唐代伟大诗人李白与杜甫交往，杜甫是剃头挑子一头热，李白并不怎么搭理杜甫。换言之，杜甫是李白的粉丝，而李白并不欣赏杜甫的诗歌。

这种观点的形成，原因或者说依据，主要有如下四条：一是李白年长于杜甫十一岁，堪称前辈；二是这些朋友偏爱李白其人其诗，认为杜甫诗太苦哈哈；三是杜甫写到李白的诗歌数量，明显多于李白写到杜甫的诗歌；四是李白《戏赠杜甫·饭颗山头逢杜甫》诗，"借问别来太瘦生，总为从前作诗苦"，有嘲谑杜甫诗才的意思。

这种观点，当然是跟实际情况相悖的。

前人用以反驳这种观点的论据，主要有下面四点：一、因为二人性格不同，杜甫朴实坦诚，喜欢倾诉友情；李白浪漫潇洒，不爱把友情挂在嘴上。二、杜甫、李白思想有异，艺术手法也截然不同，杜甫擅长写实，李白崇尚飘逸。三、杜甫比较注意保存作品，晚年亲自编辑整理过诗作，保存较好；李白不太在意自己的作品，晚年未及编辑整理诗作，散失严重——关于李白诗文的保存情况，李白族叔李阳冰有"十丧其九"的说法（《草堂集叙》）。四、现存李白写到杜甫的不多的诗篇中，表现出的对杜甫的惜别、思念之情，"相失各万里，茫然空尔思"（《秋日鲁郡尧祠亭上宴别杜补阙范侍御》），"思君若汶水"（《沙丘城下寄杜甫》），也相当炽烈。

这里，我再补充一条：杜甫好像是有先见之明似的，预料到自己百年之后，会有一些人在他跟李白的关系上分轩轾，别冷热。于是，作诗言及自己跟李白的交往、情感时，每每不采取单方面抒情的方法，而采用双方互致情意的方法。例如："江南瘴疠地，逐客无消息。故人入我梦，明我长相忆"（《梦李白二首》其一），"三夜频梦君，情亲见君意。告归常局促，苦道来不易"（《梦李白二首》其二），前两句写自己思念李白，后两句写李白思念自己。"醉眠秋共被，携手日同行。"（《与李十二白同寻范十隐居》）两个人好到不分彼此。"渭北春天树，江东日暮云。"（《春日忆李白》）前一句指的是杜甫思念李白，后一句指的是李白思念杜甫。当时，杜甫在渭北，李白在江东。

如果写到对方诗歌数量的多少，可以说明诗人间的关系是否平等。那么，李白跟孟浩然之间的关系，也是很不平等的。李白写过两首跟孟浩然有关的名诗，《黄鹤楼送孟浩然之广陵》和《赠孟浩然》，"孤帆远影碧空尽，惟见长江天际流""高山安可仰，徒此揖清芬"，送别之际，多么深情；睹物（屋）思人，多么崇拜！而孟浩然现存诗歌中，没有片言只字提到李白。如果有人据此得出结论，李白跟孟浩然交往，是李白剃头挑子一头热。喜爱李白的朋友们，情何以堪？有趣的是，李白比杜甫大十一岁，孟浩然比李白大十二岁，情况类似。

实际上，李白杜甫这两位伟大诗人的关系是平等的，友谊是双向的，思念是相互的。如果一定要用粉丝、偶像之类的概念，去描述他们的关系，那么，应该说，李白杜甫是互粉。

杜甫是李白的导师吗？

　　李白、杜甫这两位中国文学史上最伟大的诗人，生活在同一时期，而且是曾经亲密交往的好朋友，诗国的天空中，二星同耀，辉映千古，已然是奇事一桩，堪称文学史奇迹。比李白小十一岁的杜甫，一见面，就自告奋勇做起了李白的导师，既指点李白的为人处世，又指点李白的诗歌创作，更是出人意料，奇之又奇。

　　现存杜甫诗歌中，写到李白的作品有如下十馀首：《赠李白》（二年客东都）、《赠李白》（秋来相顾尚飘蓬）、《与李十二白同寻范十隐居》、《送孔巢父谢病归游江东兼呈李白》、《饮中八仙歌》、《苏端薛复筵简薛华醉歌》、《梦李白二首》、《春日忆李白》、《冬日有怀李白》、《天末怀李白》、《寄李十二白二十韵》、《不见》、《昔游》、《遣怀》等。这些诗歌中，杜甫表达了对李白诗歌才华的赞赏与批评，表达了对李白人生遭遇、处境的不平与担忧。年龄比李白小十一岁的杜甫，却俨然仁厚的兄长、爱才的导师，语重心长，关怀备至。

李白、杜甫第一次会面，是在天宝三载（744）夏天，当年李白四十四岁，杜甫三十三岁。他们见面的地点是东都洛阳。李白结束了供奉翰林的长安生活，路过洛阳，准备去梁宋（开封）一带游览。不知道是什么机缘，已经在洛阳客居两年的杜甫，跟他见面了，并且一见如故，他们很快便相约同游梁宋。显然，当时两人的心情都很不好。李白因为喜欢饮酒，行为傲诞，得罪了高力士等玄宗身边的宠臣，玄宗李隆基也并不真正信任他——可能有担心嗜酒的李白泄露宫闱秘密的因素。因此，他别无选择，只能自求还山。文雅的说法是"赐金放还"，实际上就是给俩小钱打发他回家。也就是说，李白"使寰区大定、海县清一"的政治理想彻底破灭了。他入京时"我辈岂是蓬蒿人"的豪言壮语也沦为大话空言；他一切关于未来的蓝图化为泡影。杜甫结束为期五六年的齐赵游历回到洛阳，两年时间里，最疼爱自己的姑妈和祖母相继去世。可能其间家庭经济情况也走了下坡路，过惯公子哥生活的杜甫体会到了人情的冷暖，世态的炎凉。这些情况，都反映到了杜甫写给李白的第一首诗《赠李白》中。诗的最后四句，"李侯金闺彦，脱身事幽讨。亦有梁宋游，方期拾瑶草"，金圣叹称其"情见乎词"：祝贺李白从朝廷脱身之后，杜甫自己也想要从洛阳脱身，说明从东都脱身的困难，目的是告诫李白不可再到东都，"真是朋友规劝良式"。

次年秋天，李白杜甫同游齐赵。杜甫写了《与李十二白同寻范十隐居》和《赠李白》（秋来相顾尚飘蓬）两首诗。《与李十二白同寻范十隐居》，金圣叹认为，这首诗写的都是跟李白同寻，完全不是写范十隐居，认为杜甫深知李白有才华没有见识，担心他不免遭世人伤害，因而特意再三劝告，勉励。"李侯有佳句，往往似阴铿"，金圣叹认为其中包含了杜甫对李白诗歌的肯定与批评，虽是赞扬，但极有分寸。"似阴铿"，说明杜甫赞扬的是李白的五言诗，不包括七言诗；"往往似"，言外之意是，不能做到整首诗都好。"余亦东蒙客，怜君如弟兄"，金圣叹好像是不知道杜甫比李白小十一岁的事实，说杜甫"不欲以前辈自居"，"看他一片奖诱后学心地，我尝恨韩昌黎妄自尊大，视先生何啻天壤！"可怜一代文豪韩愈韩昌黎，躺着也中了枪。更有甚者，"醉眠秋共被，携手日同行"，金圣叹不是理解为杜甫在表现自己跟李白的两情款洽，而理解为杜甫"无日无夜不教侯（李白）作诗"。金圣叹认为，杜甫另外一首诗（《春日忆李白》）中的"何时一樽酒，重与细论文"两句，足以证明，杜甫的确是在教李白作诗。我认为，金圣叹的说法未免有些夸张。但是，细玩这些诗句，不得不承认，对待诗歌艺术，杜甫是一个非常认真的人，他不会轻易、简单地赞扬李白的诗歌才华，有所批评，合乎他的为人性格，合乎他的为文品格。惟其如此，也更见出杜甫对李白的关心和爱护。

《赠李白》（秋来相顾尚飘蓬），有学者认为，这是李白一生的画像，在杜甫所有赠李白的诗中，这一首最简单，但是写出了李白一生的性格命运。后两句"痛饮狂歌空度日，飞扬跋扈为谁雄"，的确有为李白担心、劝告李白要学会收敛的心意。

《饮中八仙歌》，可以说是杜甫的诙谐游戏之作，其中关于李白的四句，"李白一斗诗百篇，长安市上酒家眠。天子呼来不上船，自称臣是酒中仙"，既夸奖了李白的诗歌才华，又赞扬了李白的任性潇洒。《苏端薛复筵简薛华醉歌》，原本是跟李白不相干的一首诗，但是，诗中却出现了李白的名字，"近来海内为长句，汝与山东李白好"。今天看来，薛华的诗歌成就当然不能跟李白相提并论，但是，当年杜甫那么说，明显有偏爱李白诗歌、替李白做宣传等意思，风采堪比杨敬之的"处处逢人说项斯"。

天宝六载（747）春季，杜甫到长安不久，思念李白，于是作了一首《春日忆李白》。赞美李白的同时，也认真评价了李白的诗歌艺术。"白也诗无敌，飘然思不群"，指出了李白诗歌创作的特点：写作速度快，立意新颖。"清新庾开府，俊逸鲍参军"，今天来看，庾信、鲍照的诗歌艺术成就和修养，都远逊于李白，但是杜甫却用他们的诗歌特点来肯定李白的诗歌艺术。这两句诗，既可以看到杜甫对李白的赞赏，也可以看出杜甫于赞赏之外，另有含义：告诉李白，诗艺无止境，应该继续努力，百尺竿头，更进一步。

作于乾元二年（759）流寓秦州时期的《梦李白二首》，是杜甫对李白最深情的思念之作。思念的最高境界，是充满对思念对象的担忧与恐惧，唯恐思念对象被瘴疠、罗网、蛟龙、风波所伤害。"冠盖满京华，斯人独憔悴""千秋万岁名，寂寞身后事"，尽情表达了杜甫为李白的不幸遭遇、坎坷命运，而不平，而愤怒。

大约作于肃宗上元二年（761）的《不见》，是杜甫现存诗歌中最后一首怀念李白的作品。在此之前，公元757年，李白因为跟随永王李璘起兵，被肃宗朝廷定性为附逆造反（实际上李白当然不可能是为了造肃宗李亨的反，他是缺少政治斗争的敏锐嗅觉，误以为自己是在保卫李唐王朝，保卫祖国），遭到朝廷和社会舆论的迫害和指责，被视为大逆不道，若不是遇到大赦，李白就被长流夜郎了。在忠君爱国的年代，李白的行为显然冒了天下之大不韪。就是在这种情况下，杜甫仍然力排众议，为李白辩解。"世人皆欲杀，吾意独怜才"。不难想见，杜甫的这一态度是足以给自己惹上许多麻烦的。"敏捷诗千首，飘零酒一杯"，对于李白，杜甫是既激赏，又同情。"匡山读书处，头白好归来"，这是对李白的规劝，也是对李白的祝愿，祝愿他能与书为伴，平安度过晚年。

综上所述，无论是欣赏、赞扬、批评，还是同情，我们都不难读出杜甫对李白的感情是兄长式的，导师式的。杜甫之所以如此对待李白，原因有二：性格上，杜甫少年老成，李白天真烂漫，因而，实际年龄差距被遗忘，被颠覆了；情感上，杜甫对李白的感情，最重要的部分是爱才——爱李白的文采，便希望他精益求精，臻于完善。

316

伟大诗人所不理解的财富分配制度

李白《古风》诗中有两句，沉痛至极："珠玉买歌笑，糟糠养贤才。"这是李白对自身遭遇的悲叹，也是对财富分配不公平制度的抗议。

李白的这两句诗，很容易令人想到两位唐玄宗开元天宝年间（713—756）的名人：一位是歌手李龟年，一位是诗人郑广文。

李龟年，是玄宗朝的宫廷乐师，大致相当于今天中国歌舞团的歌唱家。杜甫晚年所作《江南逢李龟年》诗中，有"岐王宅里寻常见，崔九堂前几度闻"两句，写早年两人在洛阳的交集情形。《明皇杂录》卷下记载："唐开元中，乐工李龟年、彭年、鹤年兄弟三人，皆有才学盛名。彭年善舞，鹤年、龟年能歌，尤妙制《渭川》，特承恩遇。于东都大起第宅，僭侈之制，逾于公侯。宅在东都通远里，中堂制度甲于都下。"根据这两则诗文的描述，我们了解到这么一个事实：会以唱歌博君王

317

公卿一笑的李龟年兄弟，富比王侯。他们财富的来源，既非祖上遗产，亦非经商积累，而纯粹是因为皇帝宠遇，王侯赏赐，即李白所说的"珠玉买歌笑"。

郑广文（虔），是玄宗朝的太学博士，地位约等于今天北京大学教授，或中国社会科学院的研究员。杜甫早年所作《戏简郑广文虔，兼呈苏司业源明》《醉时歌》两首诗，刻画过郑虔生活的贫困状况，"才名四十年，坐客寒无毡。赖有苏司业，时时与酒钱"，"诸公衮衮登台省，广文先生官独冷。甲第纷纷厌粱肉，广文先生饭不足"。封演《封氏闻见记》、张怀瓘《书断》《新唐书》等文献，对郑虔诗书画方面的杰出才能都有记载。例如："郑虔亦工山水，名亚于〔王〕维……虔工书画，又工诗，故有'三绝'之目"（《封氏闻见记》卷五），"虔善图山水，好书……尝自写其诗并画以献，帝大署其尾曰：'郑氏三绝'"（《新唐书》本传）。郑虔的贫穷，既非他嫖赌破财，亦非他挥霍亏空，直接原因就是，朝廷给的俸禄太微薄。如果说，"诗书画三绝"的郑虔是人才，那么，他的遭遇就是李白"糟糠养贤才"的一个实例。

对于郑虔的遭遇，杜甫也曾深致不满，发出过"德尊一代常坎坷，名垂万古知何用"的愤怒呐喊（见《醉时歌》）。显然，杜甫跟李白一样，也无法理解"珠玉买歌笑，糟糠养贤才"的皇家财富分配制度。

很显然，"珠玉买歌笑，糟糠养贤才"，其实是亘古未变的社会财富分配制度。人们可以通过不断回忆战国时期燕国国君昭王筑黄金台招纳贤才的历史故事，以获得一点点虚幻的心理满足，但无法通过呐喊来改变这个制度。李白杜甫和李龟年兄弟对于中华文明贡献的大小，三岁小孩都能分得出来，但是，当今社会，娱乐明星和科学家思想家文学家对社会贡献的大小，恐怕就没有几个人分得清楚了。

杜甫跟李白有亲戚关系吗？

　　杜甫虽然有着非常自信自负的性格，但他并不孤芳自赏，而能广泛结交同时代的诗人。郑虔、苏源明、王维、李白、高适、岑参、元结等人，都是他的好朋友。在这些诗人中，杜甫用情最真最深的，无疑是李白。少年老成的杜甫，是一个有着强烈上进心的青年，他不太喜欢跟同龄人交朋友，而更愿意结交比自己大许多的朋友。通观杜甫现存诗文，他并无好为人师的特点。但是，在大他十一岁的李白面前，杜甫却表现出异乎寻常的关爱、亲密、同情、思念，以及赞扬和指点，如兄如师。请看：

　　关爱。《梦李白二首》之一："君今在罗网，何以有羽翼？……水深波浪阔，无使蛟龙得。"之二："江湖多风波，舟楫恐失坠。"《与李十二白同寻范十隐居》："余亦东蒙客，怜君如弟兄。"

　　亲密。《与李十二白同寻范十隐居》："醉眠秋共被，携手日同行。"

同情。《梦李白二首》之二："冠盖满京华，斯人独憔悴。"《天末怀李白》："文章憎命达，魑魅喜人过。"《不见》："世人皆欲杀，吾意独怜才。敏捷诗千首，飘零酒一杯。"

思念。《梦李白二首》之二："三夜频梦君，情亲见君意。"《春日忆李白》："渭北春天树，江东日暮云。"《冬日有怀李白》："寂寞书斋里，终朝独尔思。"

赞赏。《饮中八仙歌》："李白一斗诗百篇，长安市上酒家眠。"《苏端薛复筵简薛华醉歌》："近来海内为长句，汝与山东李白好。"《与李十二白同寻范十隐居》："李侯有佳句，往往似阴铿。"《春日忆李白》："白也诗无敌，飘然思不群。清新庾开府，俊逸鲍参军。"《寄李十二白二十韵》："笔落惊风雨，诗成泣鬼神。"

指点。《赠李白》："痛饮狂歌空度日，飞扬跋扈为谁雄？"《春日忆李白》："何时一樽酒，重与细论文？"宋人有根据这后两句诗，认为杜甫是在批评李白作诗推敲不够仔细，格律不够讲究，总之有失之粗疏的现象。这种说法，或许有夸大之嫌，但说杜甫有跟李白切磋诗艺的意思，应该是不错的。

很显然，杜甫对李白的情意，是异乎寻常的深厚真挚。对此，一般人大概都是理解为杜甫有着一颗"乱世想贤才"的怜才、爱才之心，李杜均经历人生坎坷，彼此有惺惺相惜之情，诸如此类。

但是，这样理解亦有若干扞格难通之处：诗歌写到其他好友均褒扬有加的杜甫，为何独独对李白颇有商榷指点的意味？对李白诗歌艺术的有些赞扬（如"清新庾开府，俊逸鲍参军""李侯有佳句，往往似阴铿"），显得有所保留，颇有分寸感；杜甫明明比李白小很多岁，他却对李白说"怜君如弟兄"。

且看杜甫是怎样赞扬其他诗友的：

高适："独步诗名在，只令故旧伤。"（《闻高常侍亡》）

王维："最传秀句寰区满，未绝风流相国能。"（《解闷十二首》之八）

孟浩然："复忆襄阳孟浩然，清诗句句尽堪传。"（《解闷十二首》之六）

岑参："谢朓每篇堪讽诵，冯唐已老听吹嘘。"（《寄岑嘉州》）

都是空泛的夸赞之语，没有一次像对李白那样，赞扬的同时，兼有微讽（指点）和同情。

合理想象，杜甫跟李白之间，应该有我们所不了解的情况。

那么，可能是什么情况呢？

最近我有一个"重大"的发现：杜甫跟李白可能有亲戚关系，而且，论辈分，杜甫比李白要高三辈！我这个重大发现的证据链如下：

一、李潮是杜甫的外甥。杜甫《李潮八分小篆歌》："苦县光和尚骨立，书贵瘦硬方通神。惜哉李蔡不复得，吾甥李潮下笔亲……吴郡张颠夸草书，草书非古空雄壮。岂如吾甥不流宕，丞相中郎丈人行。巴东逢李潮，逾月求我歌。我今衰老才力薄，潮乎潮乎奈汝何！"一首诗里，杜甫两次以"吾甥"称呼李潮。

二、李阳冰是李白的族叔（堂叔）。李白《献从叔当涂宰阳冰》（宝应元年）："吾家有季父，杰出圣代英。虽无三台位，不借四豪名。激昂风云气，终协龙虎精……高歌振林木，大笑喧雷霆。落笔洒篆文，崩云使人惊。吐辞又炳焕，五色罗华星。秀句满江国，高才掞天庭。"李白晚年投奔的这位族叔，当时正做着当涂县令。

三、明·袁中道《游居柿录》卷三："李阳冰，即李潮子，子美甥。"

一、二两条证据，都是杜甫、李白本人所言，其可靠性不容置疑。第三个证据，因为我读书不广，只知道李潮、李阳冰都是学习秦朝李斯篆字的书法家，都属于"瘦硬"风格。我还没有看到别的记载李阳冰为李潮之子的文献，不知道袁中道这么说根据的是什么文献，是否可靠。如果袁中道所根据的文献是可靠的，那么，杜甫跟李白不但有亲戚关系，而且辈分高出李白三辈，即：杜甫—（舅甥）—李潮—（父子）—李阳冰—（叔侄）—李白。杜甫是跟李白曾祖父同一辈分的亲戚！

若然，则上边所说扞格难通之处，均迎刃而解。作为李白长辈亲戚兼诗歌艺术的同道与知音，杜甫自然应该对李白关爱备至，随时揄扬，加以指点，"怜君如弟兄"完全可以看作

323

杜甫有意打破辈分的樊篱，表达对李白的友好与赞赏之情。

自觉第三条证据有些薄弱，难以服人。倘若哪位博雅君子看到更可靠的文献记载，恳请不吝赐教！

双星相耀

　　说到李白的成名，人们大约都会立刻想到"四明狂客"贺知章，想到天宝初年李白跟着奉召进京的道士吴筠到长安谋求仕进时，贺知章在紫极宫读到李白的诗歌，惊为谪仙人，当即解下身上佩带的金龟换酒跟李白痛饮一番，然后又向玄宗李隆基举荐，使李白得以进皇宫做了一段时间的供奉翰林。新旧《唐书·李白传》都记载了这个故事。唐代诗人张祜自伤命运不济，有诗句曰"贺知章口徒劳说，孟浩然身更不疑"（《寓怀寄苏州刘郎中》）。李白本人作于贺知章死后的《对酒忆贺监二首》，序和诗中都记载了这件事情，"长安一相见，呼我谪仙人""金龟换酒处，却忆泪沾巾"。贺知章的知遇赏拔之恩，李白是深铭于心的。总而言之，大家都会认贺知章为李白一生最重要的知音和伯乐。

　　在李白生前，贺知章的赞赏，无论是对于他的人生命运，还是对于他的诗歌传播，都具有十分重要的意义。这是毋庸置疑的。但是，对于扩大李白诗歌在后世民众间的传播和影响，对于奠定文学史家对李白诗歌艺术的认识和评价，杜甫的作用明显要大于贺知章。因为，杜甫以其卓绝千古、震撼人心的诗歌语言，热情地赞美了李白其人其诗。请看：

> 李白一斗诗百篇，长安市上酒家眠。天子呼来不上船，自称臣是酒中仙。(《饮中八仙歌》)
> 近来海内为长句，汝与山东李白好。
> 何刘沈谢力未工，才兼鲍照愁绝倒。(《苏端薛复筵简薛华醉歌》)
> 笔落惊风雨，诗成泣鬼神。(《寄李十二白二十韵》)
> 白也诗无敌，飘然思不群。
> 清新庾开府，俊逸鲍参军。(《春日忆李白》)
> 冠盖满京华，斯人独憔悴。……千秋万岁名，寂寞身后事。(《梦李白二首》之二)
> 文章憎命达，魑魅喜人过。(《天末怀李白》)
> 敏捷诗千首，飘零酒一杯。(《不见》)

这些诗句，在唐宋以来都是广为人知的警句。倘若没有杜甫的这些警句，李白及其诗歌在后世民众间的知名度和影响力，恐怕都会受到不小的影响。

唐人杨敬之，因为曾经褒扬项斯的人品和诗作，写过"平生不解藏人善，到处逢人说项斯"（见杨敬之《赠项斯》）两句诗，而赢得了荐贤的美名，"说项"遂成熟语。杜甫写了那么多热情赞扬李白及其诗歌的警句，却只被许多人当作杜甫崇拜李白的证据。这实在是很不公平的事情。

郭沫若先生在写扬李抑杜的名著《李白与杜甫》之前，曾经是李杜并重的，他把李白杜甫比喻为"中国诗歌史上的双子星座"。李白杜甫这对双子星座，当然都是能够自己发光发热的恒星。善于转益多师的诗圣杜甫固然会在诗歌艺术上受到李白的影响，而李白及其诗歌在民众间在后代的影响，也有赖杜甫的赞美与褒扬。二星相耀，中国诗歌史的星空才会如此璀璨！